U0806932

传统文化教学研究论丛

班级文化的和合之美

姚光燕　著

山东大学出版社
SHANDONG UNIVERSITY PRESS
·济南·

图书在版编目（CIP）数据

班级文化的和合之美 / 姚光燕著.—济南 ：山东大学出版社，2023.10
（传统文化教学研究论丛）
ISBN 978-7-5607-7717-7

Ⅰ．①班… Ⅱ．①姚… Ⅲ．①小学－班级－管理－研究 Ⅳ．①G622.421

中国国家版本馆 CIP 数据核字（2023）第 002356 号

责任编辑　李　淼
封面设计　杜　婕

班级文化的和合之美

BANJI WENHUA DE HEHE ZHIMEI

出版发行　山东大学出版社
社　　址　山东省济南市山大南路 20 号
邮政编码　250100
发行热线　（0531）88363008
经　　销　新华书店
印　　刷　济南巨丰印刷有限公司
规　　格　720 毫米×1000 毫米　1/16
　　　　　11.5 印张　225 千字
版　　次　2023 年 10 月第 1 版
印　　次　2023 年 10 月第 1 次印刷
定　　价　48.00 元

总 序

十九大报告指出，文化是一个国家、一个民族的灵魂，文化兴则国运兴，文化强则民族强。社会主义建设不是从天上掉下来的，是从传统的基础上发展起来的。中国特色社会主义文化源于中华民族五千多年的文化文明历史。中华文化源远流长，有着丰富的文化底蕴。了解我国的基本国情，认识到中国特色社会主义道路的必然，就会树立起道路自信、理论自信、制度自信和文化自信。中国特色社会主义建设就是在继承和发扬优秀传统文化的基础上建设我们的国家。

教育是文化传承的基本载体，其核心是对人的价值观念的铸造、精神的培育与文化的承袭。学习掌握中华文化的思想精华，对于树立正确的人生观、价值观、世界观具有重要意义。我们回想一下，抗日战争的时候，不只是在国内的中国人，海外的华人也都起来支援抗日。这是什么力量？这是民族的力量。所以，加强中华优秀传统文化的教育是立德树人的重要内容。

教育负有提升全民族的文化自信的责任，教育不能失魂落魄，要大力培育中华民族精神的根和爱国主义的魂。教育首先要培养人，培养中国人。孔子说要培养君子，所谓“君子”，主要指有高尚品德的人。一个人有了德才能做善事，一个人只有才没有德，可能坏事做得更大。

同时，中华文化从来就具有包容性，吸收了人类一切文明成果，丰富了中华传统文化的内容。邓小平指出：“教育要面向现代化，面向世界，面向未来。”教育要在继承我国优秀传统的基础上，吸收世界教育的先进理念和改革的经验，改造传统的教育模式和教育内容，为社会主义现代化建设培养高素质的人才。开展中华优秀传统文化教育的重要性不言而喻，我认为主要体现在以下几个方面。

第一，中华优秀传统文化是中华民族安身立命之本。中华民族在五千多年绵延不断的文化发展过程当中，创造了博大精深的优秀文化。这是中国人的基因，是中国人的根和魂。一个民族失去了自己的优秀传统文化，这个民族也就不复存在了。古代世界四大文明——古巴比伦文明、古埃及文明、古印度文明、中华文明，唯独中华文明绵延不断，就是因为中国人民始终把中华优秀传统文化作为自己的根和魂。它已经成为中华儿女的基因，生生不息地流淌在我们的血液当中。

第二，中华优秀传统文化是中华民族共同培育民族精神的源泉。怎样培养我们的学生？下一代民族精神的培育要靠教育来传承。我们要在学生中加强中华优秀传统文化教育，培养学生具有理想信念、高尚品德、真实本领、奉献精神，用他们学到的知识和技能建设美好的家园。

第三，中华优秀传统文化教育是培育弘扬社会主义核心价值观的重要组成部分。社会主义核心价值观包括国家层面、社会层面和个人层面，是在中华优秀传统文化的基础上发展起来的。弘扬中华优秀传统文化，我们就会坚定走中国特色社会主义道路的信心。文化自信是其他三个自信的基础。文化可以渗透到一个人的心里，渗透到一个人的血液里，是深层次的、不容易改变的。

第四，弘扬中华优秀传统文化为实现中华民族伟大复兴的中国梦提供了巨大的动力。中华文化有悠久的历史，为人类文明做出了巨大的贡献。当然，过去一百多年我们落后了；但是，中国人民在中国共产党领导下推翻了三座大山，站起来了；经过改革开放，已经富起来了；为了实现中国梦，我们要强起来。弘扬中华优秀传统文化是实现中华民族伟大复兴的巨大动力。

明确了传承中华优秀传统文化的重要性，教育工作者还要研究向学生传承什么文化和怎样传授。教育对于文化有传播、选择、创造的功能。中国传统文化是在历史的长河中形成的，其中有落后的观念和习俗。教育要选择其中优秀的内容继承和发扬。同时要有所创造，推陈出新，创造符合时代精神的新文化。

李文军是北京师范大学教育管理学院1995级的硕士生，那时我还兼任教育管理学院的院长，也算是我的学生。后来，他到山东大学读中国哲学博士，博士毕业到山东省教育科学研究院工作后，热心中华传统优秀文化教育教学研究工作，2020年组织编写了《传统文化教学研究论丛》。这套丛书向学校和广大教师推荐传统文化教育教学科研成果和传统文化教育课程设计基础理论与方法，提供近年来开展传统文化教育教学成功的课例。

真心希望丛书的出版，能够为学校加强中华优秀传统文化课程建设提供有益的资源，更期望中华优秀传统文化真正融入国民教育体系，提升学校和教师们传统文化教育教学的能力与自信，激发教育改革和创新的活力，落实立德树人根本任务，为实现教育现代化做出积极贡献。

2021 年 4 月 24 日

（顾明远，北京师范大学教育学部教授，中国教育学会名誉会长）

序

班级是学校教育组织系统中的基本“细胞”，应该与学校教育同时产生，有3000年以上的历史。400多年前，夸美纽斯（J. A. Comenius）将不同年龄、不同学习进度的传统教学班或学习班，改进为大致同学龄、同进度的班级。90年前，美国教育社会学家沃勒（Waller）《教学社会学》一书开班级文化研究之先河。这标志着学校文化、班级文化与社会文化的关系，在学校教育教学中的作用开始凸显。所谓文化，是指人类在社会历史发展过程中制造的物质财富和精神财富的总和，比如文艺学、天文、地理、教育、服饰，等等。物质化的硬件等社会文明标志有同一性，而思想深处的文化精神则均有历史风貌和地域特色。在西方工业文明的压力下，清末民初的学校教育课程开始了西方化的改造，力图以“西学”加速中国古代农耕文明向现代工业文明的转化。随后，承载着中华民族精神内涵的固有文化被称作“国学”或“传统文化”，逐渐被边缘化。与之相对应，学校从校名、校训、课程到班级基本组织形式，也与自己的母体主体文化渐行渐远。

习近平总书记指出，文化是一个国家、一个民族的灵魂。在当代中国，文化自信是具有科学性的时代命题，是中华民族生生不息、走向复兴的精神源泉，是中国特色社会主义破浪前行、繁荣发展的精神武器，是中华民族屹立世界、面向未来的精神脊梁。《周易》记曰：“观乎天文，以察时变；观乎人文，以化成天下。”英国哲学家和教育理论家怀特海（A. N. Whitehead）也说过：“完整而健全的教育不应当只是知识教育，而应当是一种包括知识在内的文化教育。”学校教育的首要功能是以文化人，不是只传授抽象的知识，而是以社会历史文化为背景、以知识传授为载体，培养富有家国情怀、放眼世界和开创美好未来的建设者和接班人。在漫长的历史进程中，文化自信始终把56个民族紧紧凝聚在一起。尤其是新中国成立74年以来的持续探索和改革开放40余年的伟大实践表明，文化自信是中华文明连绵发展和开创中国式现代化的价值根基，是学校教育落实立德树人根本任务的育人源泉。

姚光燕是山东省教育科学研究院第四期访问学者，访学期间主动与我交流研习传统文化的体会，提炼自己多年来以传统文化建构班本课程的实践心得。她的大作《班级文化的和合之美》，从题目上看，就是作者基于中华优秀传统文化阐述自己对班级文化建设的理解与实践。本书以儒家思想的和合美学为主线，阐述了中华优秀传统文化对班级文化建构的深层文化意义，介绍了自己多年的实践案例。

姚光燕是一名从教 20 多年的资深教师，她对班级文化因热爱而执着，在班级管理、班级文化和班级课程的构建、开发与实施等诸方面都有着较多的研究与思考，积累了丰富的经验，多次在省市区会议上做班本课程研究专题讲座，撰写的 30 余篇论文发表在各级报纸杂志上，还被《班主任》杂志评选为“年度封面人物”。本书是她近年来将班级文化与传统文化相融合的研究所得，在阐明班级管理、班级文化、班级课程三者之间的关系基础上，论述了传统文化视域下班级文化开展的方式与方法，并提供了丰富的教学案例和分析。传统文化与班级文化理论与实践研究刚刚起步，本书应该是这一研究领域少有的精彩论著。希望本书的出版为传统文化融入课堂、融入班级文化、融入学生生活起到积极的推动作用，让更多的儿童拥有传统文化气息的班级，找到来自远古文化的归属感，成长为有中国文化气质的时代新人。

李文军

2023 年 4 月 11 日

前言

繁星闪烁着
——深蓝的天空，
何曾听得见他们对语？
沉默中，
微光里，
它们深深地互相颂赞了。
……

——选自冰心《繁星（一）》

每次读冰心先生的《繁星》，眼前总会浮现出这样的画面：春天的清晨，东方的天空刚刚亮出一点鱼肚白，深蓝的天幕依然笼盖着大地。天上的星星闪烁着美丽的光芒，璀璨又温柔。一群八九岁的孩子在班主任老师的带领下从学校门口出发，穿过种着白杨树和法桐的林荫大道，跑过开满地丁花的田野，在田埂路边停下，拭去满头的汗水，像小鸟一样叽叽喳喳地跑去看盛开的果树林花，说一会儿笑一会儿，然后找一块空地拿出带在身边的课本，伴着清晨啾啾鸟鸣开始“别样”的早读，间或一阵微风吹过，树上的花瓣飘落下来，落在孩子们的头上、手上、书本上……

这是我小学读书时的一段真实经历，一晃三十多年过去了，每每想起依旧是那样温馨美好。这种经历不是每一个学生都可以遇到，需要特定的环境、特定的人群。我们在厂区大院长大，师生比邻而居，这是我们享有的特定条件。但最重要的是我们遇到了一位有情怀的班主任，是她让前文的那一幕真实地发生：把一群上小学的孩子组织起来，晨跑晨读，走进大自然。这一坚持就是好几年，不仅锻炼了身体，更在我们年少的心灵深处种下了早起读书和亲近大自然的种子。

班级文化的和合之美

那时候，我们不懂什么是“班级文化”，只觉得这是很自然的事情。老师看到我们很开心，她说这样就很有价值。但它实际的影响却远超过我们的想象，这种“影响”也许会终其一生存在。

很多年后，我也成为一名班主任，“给学生一个可忆的童年，让教室成为可回忆的地方”就成为我内心的追求。教科书上称其为“教育情怀”，但我个人却认为这是一种真实情感的表达，因为“我曾被这个世界温柔以待”，我也希望把同样的和谐美好传递给我的学生。

万物皆有情，教师与学生的情感是建构在教育、教学活动中结成的相互关系之上的。“寻常的路人会认为我的玫瑰花和你们差不多。但她比你们全部加起来还重要，因为我给她浇过水。因为我给她盖过玻璃罩。因为我为她消灭过毛毛虫。因为我倾听过她的抱怨和吹嘘，甚至有时候也倾听她的沉默。因为她是我的玫瑰。”（［法］安托万·德·圣埃克苏佩里：《小王子》，李继宏译，天津人民出版社 2013 年版，第 95 页）小王子在玫瑰花园的经历，让我们引申思考教师与学生的关系：如果老师能让每一个学生都感觉到他是那样的“与众不同，独一无二”，是“老师心中最美的玫瑰”时，师生之间必然有了相互信任的链接。

这种链接也恰恰就是我们所要追寻的教育和合之美。

姚光燕

2022 年 7 月

目　录

第一章　班级管理的文化密码

“班级文化”是一个温馨的话题，可以温暖我们年少的记忆。“班级管理”亦是一个严肃的话题，助力学生顺利度过成长历程中的诸多关键期。

本章将在一个相对客观的视角向读者介绍最贴近学生真实生活的“班级文化”，探寻班级管理的文化密码；通过具体的案例分析“班级文化”对学生成长的影响，探寻班级文化与班级管理之间的关系。

班级文化是教育文化的一种类型，它与班级管理之间的关系非常密切。概括来说，班级管理是一种有目的、有计划、有步骤的社会活动，这一活动的根本目的是实现教育目标，使学生得到充分的、全面的发展。班级文化是一种亚文化，一种综合文化，一种具有明确教育目的的文化。[①] 换句话说，班级管理的出发点和最终目的是满足学生发展的需要，而班级文化的构建与发展恰恰是实现班级管理目标的最好的途径。

在班级文化建设中，有一项非常重要的内容不可忽视，那就是班级课程，即班本课程。它是班级文化建设中比较高端的内容，对于实现教育的育人目标有着非常重要的推动作用。简而言之，班级管理、班级文化、班级课程关系密切，共同指向对教育目标的实现。

第一节　班级文化的内涵

一个人从孩童到成年，会遇到很多人、经历很多事：成功的欢笑、失败的泪水，师长呵护、发小情长……在顺畅与挫折的交织中，我们的人生观、价值观、世界观形成了，我们成长了。但这一切都建构在同一个时空、同一个平台、同一种

① 参见王鑫美：《利用班级微文化标识，促小班幼儿自主性发展》，《课程教材教学研究·教育研究》2018 年第 5 期。

环境背景，即我们的读书时代，我们的班集体，以及我们浸润其中的班级文化。

班级文化的内容涵盖非常丰富，自集体形成开始，班级文化即生成，而占主导地位的一定是班级的管理理念，是一份真实存在的情感。班级文化不能是空中楼阁、虚无缥缈的幻象，是要让学生能够真切感受到、真实触摸到，并能以此作为自己行为的指引和标准。所谓班级文化，一定是在这样的前提基础上建立起来的。

一、“芸芸众生”中的班级文化

班级文化是一个班级的灵魂所在。换句话说，一个人在集体环境的学习中，无论是幼儿园还是小学、中学、大学，无论是小班授课还是集体大课堂，只要有班级建制，就有相应的班级文化存在。只不过“班级”和“班级”不同，“文化”与“文化”也有着千差万别。

在班级文化的构建过程中，班主任的理念与情怀是非常重要的因素，起着决定其发展方向的作用。优秀的班主任在此方面会投入很多的精力。可是不得不说，在很多情况下指引我们工作的，感性成分居多，缺少系统构建的思路和方法，致使看上去华丽热闹，但并没有体现出文化在班级发展和学生成长过程中的重要地位。[①] 什么是“班级文化”呢？我们先来看几个小例子：

辛老师是一位刚毕业不久的新教师，工作很热情，喜欢在班里搞各种丰富多彩的活动，文体类的、科普类的都有涉及。老师的热情感染着学生，这个班的孩子有活力、有朝气，做什么事情都风风火火，劲头很足。

孙老师是一位执教近三十年的“老班”，经验丰富，非常有责任感，对学生的学习一丝不苟，在生活上也是“无微不至”，她带的每一届学生都是年级的佼佼者。学生的学习态度踏实，几乎很少参与和学习无关的事情，常规和学业考核成绩都符合优秀的标准。

洛洛转学到新学校，第一天就喜欢上了这里。妈妈问她为什么，她说，新的教室很干净也很漂亮，后橱中摆满了书，墙报上有同学们的书法、绘画作品，还有同学们开展活动的照片，很精彩。老师和同学们都很友善。但最令她感动的是今天下午的班会课。老师和大家一起讨论了一个话题“怎样帮助弱小的同学”。班会结束后，洛洛才知道这个班里有一位小女生，因为出生时的一次意外，让她的大脑受了损伤，致使她的身高始终比同年龄的同学矮很多，智力也停留在幼儿阶段，只是会写自己的名字，其他的都不会。班里有几个同学总喜欢和她“开玩

① 参见陈宇：《班级文化体系的构建（上）》，《班主任》2017年第6期。

笑”。今天把她的笔盒藏起来，明天把她的课本藏到后橱里……老师和大家讨论这件事，让同学们学会换位思考，对于需要帮助的同学，我们应该怎样做？“开玩笑”要有分寸，要考虑对方的感受。同时，老师还让大家学会正确表达对同学的关心……这事给洛洛留下了深刻的印象，她感觉这个班级很民主、很友善、很温暖。

客观来说，这几个班级都有各自的班级文化，只是有些不同。从案例中也体现了当前班级文化存在的几种类型：

(1)热衷活动型：此类型的班级文化建设以开展丰富多彩的活动为基础，班主任老师对工作充满激情，各种活动开展得风生水起、热闹非凡，教室环境也分主题经常更换，有时可以用精彩纷呈来形容。但热闹和精彩不等同于班级文化创建的成功。

因为开展班级活动只是班级文化建设的一种外显的形式，不足以支持班级文化整体内涵。班级活动像一把双刃剑，在锻炼学生能力的同时，也容易让学生产生浮躁的情绪。如果不能把这种活动的能力转变为学习动力的话，就会偏离教育的方向和目标。

(2)重智育稳健型：这一类型班级文化的建设以智育为中心，开展的课外活动较少，班主任老师更关注学生学习成绩的提升变化，注重常规，班级学生较为守规矩，对班主任的依赖较大。但学生的创新意识和组织能力偏弱，在认知思维层面缺少拓展训练，学生的独立意识较弱。

(3)民主自治型：这类班级文化的特点鲜明，注重培养学生的自我管理能力，注重营造较为民主的班级氛围，班级事务的管理也不再是班主任“一言堂”。“人人有事做，事事有人做”，让每一个学生都参与班级管理，是此类型班级文化建设的重要特点。但此类型的班级文化平衡点不好把握，对班主任的综合素质要求也较高。

(4)工作开展型：这种类型班级文化的开展主要依据学校的工作要求，有任务就组织，没任务就正常上课学习，按部就班。班主任的职责是上传下达，与学生的交流也多限于出现问题解决问题，没有问题各自安好。此类型班级的学生普遍缺乏主动意识，把握机遇的能力较弱。

以上四种是比较有代表性的班级文化类型。透过现象看本质，班级文化的定义值得进一步深入思考。因为班级文化的内容最终是指向育人，是健全人格培养的“成人”教育。因此，作为学校管理的最重要组成单位——班级，其管理要素和文化构建必然是围绕这一核心目标开展。

二、学术视角下的班级文化

(一)班级文化的概述

班级文化(Class Culture)是“班级群体文化”的简称,是作为社会群体的班级所有或部分成员共有的信念、价值观、态度的复合体。班级成员的言行倾向、班级人际环境、班级风气等是其主体标识,班级的墙报、黑板报、活动角及教室内外环境布置等则是其物化反映。

1. 站在国际视野看“班级文化”

20 世纪 30 年代,美国著名教育家沃勒出版了《教学社会学》一书,开班级文化研究的先河。其内容主要针对学校文化的建设,提出三要素观,即物质要素、观念要素、行为要素,对后期班级文化的研究有重要的影响。

1968 年,美国教育家杰克逊(P. W. Jackson)的《班级生活》问世,该书研究的是班级文化,首次提出了隐性课程相关内容。这一内容的提出为班级文化的研究拓宽了视野,具有里程碑式的意义。

美国学者 R. M. 基辛在其著作《文化・社会・个人》中对于群体文化对个人发展的影响做了论述。他认为,在任何群体中,就构成人格的基因模板而言,个人差异很大。我们对这些差异还不十分了解,但这些差异包括各种认知能力以及似乎很难界定的群居性、内省性特点。童年经验在任何社会中都绝对谈不上标准化,这些经验重新塑造不同的生物模板,建筑在这些模板之上,填入情感的因素以及文化学习的内容,继而衍生出社会中多样的人格。①

作为教育文化的一种,相关研究使班级文化逐渐走进人们的视野,为后期班级文化的研究奠定了理论和实践的基础。

2. 国内学者对班级文化的研究

欧美国家对班级文化的研究为国内教育文化研究带来了新思路。20 世纪 90 年代后期,我国开始了对于班级文化的关注。大约是进入 1995 年,校园文化的初步研究得到完善。在这个时期,人们对校园文化的认识也得到更新,主要涉及以下三个方面:第一是校园物质文化的完善,第二是学校制度文化的完善,第三是学校精神文化的完善。在原有基础上,深化了校园文化内容方面的研究分

---

① 参见卢薪竹:《小学班级文化建设现状调查研究——以佳木斯市第二十小学为例》,哈尔滨师范大学硕士学位论文,2018 年。

析，为后期国内对班级文化的研究奠定了理论基础。[①] 在这个过程中，很多专家就班级文化建设提出了个人的研究理论成果，极大地丰富了该项研究内容，拓宽了班级文化研究领域。

例如，戴联荣等编著的《小学班级文化建设》一书，明确地提出了建设小学班级文化的重要性。作者于书中提出，班级文化实质上指的是在通过班级精髓氛围创设的过程中，重视文化制度的完善以及文化关系的平衡，并且也非常地重视文化环境，也非常重视学生文化人格的熏陶和培养，还指出了小学班级文化建设的有效途径。[②] 这些理论观点的提出让班级文化的研究立体化、具象化，让停留在理论层面的研究走向"真问题"的研究，围绕班级文化在实际育人过程中的价值影响进行研究，增强了此项研究的实效性。

吴立德所著《班级社会学概论》一书中也详细提到了班级文化模式要素，主要是从教育社会学角度进行分析，完善理论分析与理论研究体系。他强调："在针对班级文化进行构建的过程中，要从根本上重视教师在文化建设过程中的主导价值，最大限度地消除社会文化构建过程中存在的一些影响因素。在课程中，对于学生提出的观点和建议进行尊重。对于学校文化来说，班级文化是非常典型的一种亚文化类型，班级文化会根据班级载体体现出来，最后实现班级文化现象的反映和传播。所以，班级文化可以发挥非常显著的'润物细无声'的作用，与此同时，在班集体中将会对每一个成员产生无形的制约和影响作用，也可以为后期班集体的建设之路指明了方向。"[③]在这里，作者提出的班级文化在育人功能中的"润物细无声"，与杰克逊提出的隐性课程理论有异曲同工之妙。在后面的具体指向部分会做相关的介绍。

以上研究，为义务教育阶段班级文化体系的创建，提供了很好的理论支持，各位研究专家所取得的成果值得我们去思考、学习和借鉴。[④] 在继续深入研究的同时，认真总结前人的研究经验，可以帮助我们在日后的班级文化建设实践中，针对具体教育活动的实际操作，提供更加科学、合理、有价值意义的措施辅助。这些研究成果对于致力研究班级文化建设工作的教师来说是弥足珍贵的。

---

① 参见卢薪竹：《小学班级文化建设现状调查研究——以佳木斯市第二十小学为例》，哈尔滨师范大学硕士学位论文，2018 年。

② 戴联荣、薛晓阳编著：《小学班级文化建设》，南京师范大学出版社 1999 年版。

③ 吴立德：《班级社会学概论》，四川大学出版社 1996 年版，第 83 页。

④ 参见卢薪竹：《小学班级文化建设现状调查研究——以佳木斯市第二十小学为例》，哈尔滨师范大学硕士学位论文，2018 年。

(二)班级文化的具体指向

班级文化的建设,重在通过加强文化之间的互动,创设适合学生成长的文化氛围,在潜移默化之间感染学生,提升学生的文化素养。这种氛围的营造,力求使学生有班级归属感。在班级文化建设过程中,学生的主动参与是非常重要的,只有这样才能让班级文化的建设与学生的发展产生积极的互动性,从而达成育人的目的。

在义务教育阶段,特别是小学阶段,班级文化的建设主要围绕学生综合素养的培养,具体来说就是"德、智、体、美、劳"五育并举、五育融合。聚焦这一核心内容,班级文化在具体表现形式上,我们可以从显性和隐性两大视角来分析它的具体指向。

1. 显性班级文化

显性文化,重在文化的外在物化体现,放在班级文化层面就可以体现为教室的整洁、教室的布置、学生的座位排列等内容,概括来说就是班级的环境建设。其原则为:力求朴素、大方,适合学生,突出班级特点。试想在一个干净整洁,富有文化氛围的班级中,学生自然而然就会进入一种场域,这种场域假以时日就会形成一股浓郁的学习氛围。重视学习环境的营造,自古有之。从先秦时代的"孟母三迁"到今天的"环境出人才",都印证了环境对学生成长的影响。正如苏霍姆林斯基所说的那样,"要使教室的每一面墙壁都具有教育的作用"。所以我们可以这样说,对于教育而言,一切都可以成为它有利的素材。通过有效地运用各方资源,创设具有教育性、开放性、生动且安全的显性文化环境,对于陶冶学生的情操、激活学生的思维、融合师生的情感有着巨大的积极作用。

(1)整洁的教室环境。一个有着良好文化氛围的班集体,其教室的卫生一定不是靠值日生打扫出来的,而是有赖全体学生养成良好的卫生整理和保持习惯。在平时的班级管理工作中,教师要重视引导每个学生拥有"班级小主人"的责任感。整洁的教室环境是班级文化环境创设的基础。

(2)有创意的教室布置。教室是学生学习和生活的空间,"让教室成为可回忆的地方",需要班主任老师和学生的创意巧布置。但在做具体工作之前,首先要做的是确立班级文化的主题,这和班级文化的整体设计要一脉相承。例如要创建航天文化氛围的特色班级,就可以把相关的星空文化、问天工程、航天英雄等相关内容作为环境设计的主题,营造"星汉灿烂、探索永无止境"的航空航天特色班级文化。如果要创建"阅读书香"班级,就可以设计班级书架,摆上学生爱读的各类书籍……教室的布置可以彰显班级文化的独特魅力,也是班主任思想情怀的另一种表现形式。

(3)人性化的座位排列。座位的排列摆放对一个班级来说,也是非常有讲究的。从很多细节里足以看出一位班主任老师的教育智慧。过去单一的“秧田式”,好操作,然而弊端较多;如稍加改进,“秧田式”变为“剧场式”,就可根据需要进行重新排列。这种变化可基于以下几种需要:第一,根据学生健康视力的需要进行的座位调整。第二,根据课堂或者活动的需要进行的座位调整。例如,为方便课堂小组合作学习,可将座位排成“马蹄形”等。第三,根据特殊情况进行的座位调整,如基于新冠肺炎疫情防控需要,学生座位呈间隔式排列,我们称为“满天星组合”。

2. 隐性班级文化

显性班级文化就像是班级一件好看的外衣,是“外好”的表现。但班级精神层面的体现更多还是在隐性文化的建设。换句话说,隐性文化是班级文化的核心,最能体现班级文化的思想内容。

(1)班级标识的设计与班级认同感的形成。作为班级和班级特色的标志,班旗、班歌、班徽的设计与使用,有助于学生对班级认同感的形成,同时也挖掘了学生的创造能力、合作能力,对进一步增强班级的凝聚力有着极为重要的作用。

(2)班风建设与群体价值观的形成。班风是班级群体价值观形成的重要表现,班级群体价值观又对班风产生重要的影响。班风是班级对外的社会形象,其重要性不言而喻。班风建设,我们可以从以下两个方面着手。

第一,教师方面。客观来说,教师对于班风的建设有着积极的推动作用,在一定意义上说班主任对班级文化的创建如何引导,会直接影响班风的形成,对学生的身心发展起到积极的引领作用。

第二,学生方面。在一个班级中,学生之间的关系建立,对良好班风的形成有着非常重要的作用。首先,是合作与竞争的协调。不管是开展班级活动,还是正常的课余学习,学生之间的合作与竞争是构建班级良好风气的重要变量。其次,小群体存在的积极引导。在班集体形成的过程中,小群体的存在是不可避免的,这些小群体中往往会有一个或两个领袖人物,他们对小群体的影响也是客观存在的。如何正确引导这些小群体在班级文化建设中起到积极的推动作用,这是构建优秀班级文化的重要课题。相关内容我们在后边的章节中会有详细的介绍。

无论是教师还是学生团体,对学生成长的影响都是潜移默化的,同时又起着积极的促进作用。这些隐性的文化渗透在教育的方方面面,学生经过长期耳濡目染,必然会使内心更加充盈。

三、饱含人文情怀的班级文化

班级文化既是一种亚文化存在,也是一种隐性的教育力量,表现出班级独特的精神风貌。当然,不同的人从不同的角度对于班级文化的理解也是不一样的,就像一千个人读莎士比亚的作品就会有一千个哈姆雷特的形象。因此，班级文化的解读可谓是多元的。但不管怎样解读，班级文化对于学生成长的重要性却是毋庸置疑的。揭开班级文化的“面纱”，我们从学生和教师的角度去认识班级文化，品读和感受班级文化之美。

(一)学生眼中的班级文化

站在学生的角度看班级文化，更多是对群体价值的认同(详见本书第二章)。例如，教室环境的设计、同伴之间的关系等内容，这种由物质环境与人文氛围组成的“文化”对学生的影响是非常大的，其核心是群体价值观的形成。因此，对于学生来说，班级文化从另一个层面是可以代表学校生活的，它是一个人在学生时代对学习生活的一种聚焦的记忆。下面我们从一期“毕业季的墙报文化”说起，以点带面，通过学生的视角来解读他们眼中的班级文化。

人生在勤，不索何获

“人生在勤，不索何获”这句话蕴含着老师们对我们深深的鼓励和期望，希望我们能够勤奋学习，收获更多的知识。虽然我们班级的板报已经丰富多彩，有“风采展示”“目标树”“做最好的自己”这些板块，但在我们看来还缺一样东西——阳光中队的象征“向日葵”。但这一次我们想亲手制作，于是我们计划利用周末时间完成。

在周六上午，我与我的好朋友欣欣开展了制作向日葵体验活动。我们的分工如下：我来负责设计尺寸以及裁剪，欣欣负责画花瓣和粘贴。于是我们就像流水线一样开始制作了。我们先做的是两朵小向日葵。我把量好的花瓣尺寸递给欣欣，然后继续量它的叶子和花秆的尺寸。而欣欣则根据我给她的长度和宽度来画出花瓣的原型然后再传给我。等我剪出来所有的花瓣后，大家就在纸上开始描画组成向日葵的其他部件。渐渐地，一片片花瓣，一片片叶子，一根根花秆就浮现在了纸上。我仔细地裁剪着，把剪好的花瓣等递给了欣欣，让她来把它们变成立体的、完整的向日葵。我们一次次重复着同样的动作，于是动作慢慢流畅了、熟练了。

当两朵小向日葵完成后，我们接着做起了大向日葵。我们用着同样的顺序，同样的动作；怀着同样的耐心，同样的心情；拥有了同样的作品，同样的回忆……

姚老师从二年级一直送我们到六年级，向日葵一直是我们的班级标志，我们用它装点我们的教室，用它作为班级文化的象征。小时候也许我们不能完全理解，但是现在我明白了，其实这些向日葵不仅代表了阳光、活泼、热情、天天向上，还代表了老师对我们的爱和祝福，并想让我们自己发现，从中收获成长，正如“人生在勤，不索何获”所蕴含的意义。

当新的一期墙报上出现自己用勤奋的付出制作的向日葵时，我感觉它是那么的耀眼，那么的漂亮。

这段文字的生成实属偶然，记录的也只是学生日常生活的一个片段，但从偶然中我们看到了一种深化于心的情感体验。

虽然学生已经毕业多年，但当时留下的这些文字却真实地记录下那时她们对班级文化的理解。充满显性文化的教室布置、班级标识设计的背后，蕴含着深层次的精神价值和文化内涵。在学生的这些文字中，我感觉他们已经有了理解。“这一朵朵精致的向日葵上充满了大家的回忆、祝福、汗水，以及老师对我们深深的爱。”①向日葵已不仅仅是一个标识，更是一种班级文化的缩影，是班级团结、努力、奋斗的精神象征。

（二）教师心中的班级文化

班级文化并非高大上的存在，它其实就在我们每天的日常工作之中。老师们对班级的管理、对学生的管理，每天处理的班级事务和对学生常规工作的要求，在学校中提交的各种班级活动材料……都是班级文化的组成部分。怎样赋予这些班级的日常工作以生命活力，以灵动的韵律让每一个学生都有机会在班级这个大舞台上翩翩起舞。这需要班主任老师认识到班级文化的价值，明确它对日常工作是促进、是升华，更是事半功倍的力量源泉。下文所述 2009 年时笔者和学生一起创编班刊《星星语》之事，就是班级文化价值体现的真实记录。

班刊《星星语》问世于十多年以前，是一本黑白打印的小册子，薄薄的只有几十页。但它对于我和我的学生们来说却有着特殊的意义。

首先，这是我和学生的共同之作，从刊首寄语、目录、文章的内容都出自我和学生之手，包括每一幅插图。其次，这本班刊记录了学生一段珍贵的童年经历。当时，孩子们才上二年级，却能很努力地用自己的语言记录生活中的所见所闻，所思所想，具有里程碑式的意义，因为他们从起步开始就爱上了写作。

《星星语》一经问世，就坚持出刊，每学期至少出两期。当时学生还小，组稿、

① 《人生在勤，不索何获》，《当代小学生》2016 年第 12 期。

排版、制作都需要班主任亲力亲为,后来有家委会的支持,一起做了很多的工作。经过一段时间的积累,进入三年级后,我们还完成了第一本彩色印刷的文集《小星星的话》。相比之前的《星星语》,《小星星的话》可谓华丽登场,极大地鼓舞了孩子们的写作自信和班级自豪感。这本如此好看的"书"是我们亲手创作完成,包括封底封面的版式设计都是用孩子们的作品,原汁原味又充满童趣。当然,最重要的是这本书由我们班独立发行,它是独一无二的。

后来,有朋友看到这些班刊画集后问我:"你们班的这些内容加起来有几十万字了吧?从整理到编辑你都亲力亲为,没有证书、没有奖金,甚至你从来不做什么宣传,这到底为什么呢?"

这个问题之前并没有想过,最初做的时候就是想记录一下学生的成长,后来做着做着发现这可以调动学生的写作积极性,再后来就发现,一本小小的班刊,凝聚起了全班孩子和家长的心。班级管理逐渐走向"快车道",除了常规班务,需要操心的班级纠纷越来越少,家长的支持度和信任度都很高。最重要的是,班级学生的整体素养提升很快,不管是班级常规量化评比还是学业考核都在级部出类拔萃。三年级下学期参加省课程专家张教授的自主学习课改实验,整整一学期没有布置语、数、英三科的家庭作业,但期末检测成绩一路上升。其主要原因,得益于学生良好习惯的培养,尤其是阅读、写作能力的提升为他们的理解能力、思考能力、归纳总结能力奠定了很好的基础。

通过这段亲身经历,站在班主任的视角,笔者认为班级文化需要班主任用情怀去做,班主任的格局和素养决定了班级文化的基调。

那什么是"班主任"心中的班级文化呢?笔者认为班级文化是一个班级凝聚力的源泉,是一个班级价值观的集中展现,是教师职业理想和职业精神的释放,更是成就一个教师从平凡到卓越的舞台。这里的"卓越"不是功利层面的,是一名班主任职业生涯的"精神归属"。简单来说,是学生对班主任的爱和信任,是家长对班主任的认可尊重,是老班们内心的充盈和成就感。在教书育人的路上,很多老师几十年如一日,勤勤恳恳、无私奉献。也许他(她)没有获得过什么荣誉称号,也没有太多骄人的成绩,但他(她)教过的学生不会忘记,是他(她)教会了自己最初认识世界的能力、懂得爱的价值与学会表达的意义。就像前言中提到的笔者的班主任老师,她让我们的童年与大自然和社会有了美好的链接,在学生的心中,她就是最卓越、最优秀的。

四、班级文化的核心词

前面着重介绍了不同时期、不同阶段的班级文化，也较为详细地从不同角度、不同角色的认识层面对班级文化进行了解读。但如果要问班级文化的密码要素是什么？通过多年的班级文化实践，笔者认为其关键词就是“和谐”。和谐文化是中国文化的灵魂所在，是中国的智慧，文化的至高，也是我们追求班级文化和谐发展、平衡兼容的目标与境界。[①]

1. 和谐的班级环境

班级是师生活动的主要地方，是建立和谐教育的主阵地，也是建立和谐校园的重要组成部分。和谐的班级环境包括物质层面和精神层面。物质层面的班级环境以整洁、充满班级文化建设的特色让人赏心悦目；精神层面的班级环境以深邃的内涵给人以启迪和睿智，让人学会宽容、学会合作、学会超越。

在班级环境建设方面，和谐的班级环境首先要重视人际关系，特别是师生关系和生生关系的和谐。教师平等对待每一位学生，尊重每一位学生的人格，让每一位学生都能阳光、自信、健康成长。

2. 和谐的课堂秩序

和谐的课堂是一种理想的教育状态，也是每一位教师和学生都向往的。它决定了课堂的质量、学习的效果，是一个班级在教育教学活动开展过程中的基本保障。在课堂教学中，老师们为了让教学活动井然有序，运用了很多方法，如小组评价、榜样人物、小先生课堂等，调动学生的学习积极性，让学生的注意力始终都在课堂学习中，积极参与课堂的互动……这些方法的确在一定程度上保证了课堂教学的有序进行，促进了教育教学质量的提升。但有一点不容忽视，那就是课堂是师生同向互动的，师生之间的交流是有情感的。所谓和谐课堂，是在教师的“教”与学生的“学”之间，将自主探究、合作学习、积极评价相互融合，一直延伸至课外的关怀爱护。和谐的课堂一定不会忽视“人”的因素。

2022 年春天，新冠肺炎疫情在部分城市再起“硝烟”，为了保证师生的安全，课堂从教室搬到了线上。每天的“云端”上课，让“课堂教学”面临着新的挑战。例如，为了关注学生在线听课的状态，老师们运用了各种智慧，如打卡签到、开摄像头、不定时提问等，通过奖励机制落实到每个学生的成绩考核，这些显性方法

① 参见黄明：《和合之美——济南五中描述》，《当代教育论坛》2009 年第 10 期。

被很多班级使用，效果却千差万别。究其原因，还是和教师本身有很大的关系。在巡课时，看到有这样一个班级，语、数课上学生都能保证全部出勤，但课堂的氛围和学习效果却有很大的不同。语文老师是班主任，自带气场，学生上课屏息凝气，课堂氛围有序但很紧张。数学老师的课堂却有很大的不同，老师课堂生动，透过屏幕仿佛都能感受到老师和学生之间的默契。在学生回答问题后，老师都会很贴心地点评，有时是鼓励，有时是鞭策……但都能感受到老师的关心。学生听课很专心，脸上的表情是专注、期待的。连续跟踪了这个班的几次数学课，发现学生们都会很早进入教室，希望在上课前多和老师聊聊天，有说有笑，氛围非常和谐。但上课时间一到，师生立刻进入学习状态，几乎不用过多地提醒。这个班的出勤率和开镜头率都是100%，作业提交率也很高。究其原因，任课教师的管理是必不可少的，但更重要的应该还是教师的情感投入。所谓"尊其师信其道"，喜欢上一位老师必然就喜欢上了一个学科，这种"和谐"是人工智能始终无法代替的。

对比在同一个班级的两位老师上课的效果，我们会发现，如果就课堂秩序本身来说，这两节课都是很好的，因为老师都关注到了学生的网课学习状况，学生的专注度和学习效果看似相差不大，但透过学生的情感表现，我们能看到他们对数学课的喜欢和期待。在课堂互动环节，学生和老师的交流也是那样的自然、默契，对话中传递着暖心的关怀、信任和依赖。其实，在这里所呈现的就是虚拟空间里课堂和谐文化的真实存在。建立这种课堂文化的是老师的教育智慧和教育情怀。

3. 和谐的班级文化

中国传统文化讲求"和"，也讲求"和"中存"异"，即孔子所说的"和而不同"，也就是既注重整体和谐，强调个体价值从属于普通秩序的安排与决定，又要求彰显个性，互相促进。在班级文化中，这种求同存异更多体现在师生之间、同伴之间、家校之间关系的建立，体现在班级文化的平衡兼容。第一，面向人人，全纳平等（师生关系）；第二，尊重个性，和而不同（同伴关系）；第三，协同育人，美美与共（家校关系）。

"和而不同，和合而生"是教育发展的理想生态，也是班级文化建设的关键因素。透过班级这个小舞台，我们能看到不管是家庭教育、学校教育、社会教育都努力用一种协同合作的形式育人。这种教育生态环境是我们希望看到的理想样态，同时也是班级文化和谐发展的理想样态。

第二节　班级文化的育人价值

所谓班级文化，通常是指班级内部形成的独特的价值观、共同思想、作风和行为准则的总和，是班级生存发展的动力和成功的关键。[①] 可以说，班级文化既有显性的“外好”文化，也有隐性的“内好”熏陶。多数情况下，隐性的教育因素更多一些。在中小学阶段，学校文化对于学生的影响主要通过班级授课和班级活动的开展落实，因此，重视班级文化的建设将直接影响学生的成长和成才。本节内容我们将重点介绍班级文化的育人价值。

一、班级文化的育人价值

客观分析班级文化的育人价值，大致可总结为三点：为学生的人格塑造奠基，为学生养成自觉学习意识赋能，为学生继承发扬传统美德助力。在学生成长的不同阶段，给予他们以文化的滋养和能力的培养，对学生健全人格的培养和综合能力的提升有着重要的作用。

第一，班级文化为学生人格塑造奠定坚实的基石。教室内的环境设计与布置以及班级各种活动，都是班级物质文化的一部分，有着润物无声的育人效应。

近年来，中小学都非常重视班级文化的建设，开展富有成效的活动促使班级文化有新的提升，彰显班级特色，助力学生的成长。一是学习氛围有助于学习兴趣的培养；二是班级活动拓宽了学生的视野，积累了实践经验；三是在实践活动中培养了学生的组织管理能力，增强了班级的凝聚力。班级文化的建设是师生们集体智慧的结晶。每间教室都记录着学生的成长足迹，为他们打开求知的大门，奠定幸福人生的基石。

第二，班级文化是学生自律学习的重要手段。在班级创建过程中，制度文化起着非常重要的作用。所谓“没有规矩不成方圆”，班级制度文化的开发程度对于学生培养自律学习习惯有着重要的促进作用，不仅关系学生个体，更是规范约束全班同学自觉养成好习惯的主要方式。

在班级管理工作中，老师们都会有一套适用于本班级的规章制度，对班级的各项常规要求做出较为详细的解读。学生的习惯养成、自我管理能力的培养，在最初的阶段都需要制度文化的约束。“制度面前人人平等”，以此培养学生的执

① 参见庄建飞、张冬青、皇志勇：《抓好班级文化建设，提高德育工作实效》，《中学时代》2013年第2期。

行力，从而逐渐内化为自觉自律。例如，在“原样交接”习惯养成中，“凳子归位”就是对制度的具体执行。开始的时候，要不断强调学生在离开座位时，一定要把凳子放在桌子下面，时间长了，就习惯成自然。这些良好行为习惯的养成对于学生自律学习起着积极的推动作用。同时，这也是班级文化育人价值的重要体现。

第三，班级文化为学生继承发扬传统美德起积极助推作用。精神文化是班级文化的灵魂和内核，是班级文化的重点。班级精神文化建设关注人的精神生活，是着力于提高学生素质的教育，特别是继承和发扬传统美德教育。这是班级文化的深层构成，是班级文化的精髓所在。

传统美德是学校德育永不枯竭的教育资源，而珍爱和弘扬传统美德也是我们义不容辞的责任。开展“践行核心价值观，传承中华优秀传统文化”主题活动，通过微队会、班级古诗词诵读等形式，都可以培养学生的传统美德。当规则内化为学生群体价值观的认同，当素养习惯成为学生日常行为的规范，当班级目标成为学生共同努力的方向时，班级文化也就自然形成了。

践行核心价值观，传承中华优秀传统文化

一、育人目标

1. 感受传统文化，培养队员的良好品德习惯。

2. 通过队会活动提高队员的自主活动能力和团结协作能力。

二、过程设计

（一）开始部分

中队长：全体立正，各小队整队，报告人数。

小队长：稍息，立正，报数。（转身跑到中队长面前，互相敬礼）报告中队长：第3小队应有学生12人，实到12人，报告完毕。

中队长：接受你的报告！

小队长：（跑回原位）稍息！

中队长：全体立正！（跑到中队辅导员面前，敬礼）报告辅导员，阳光中队原有44人，实到44人，报告完毕。

辅导员：接受你的报告，祝你们活动成功。

中队长：全体立正！出队旗，敬礼；唱队歌；全体坐下。

（二）活动过程

1. 开场导语

主持人：我们的祖国历史源远流长，有着丰厚的文化底蕴。诗词歌赋更是我们中华文化的不朽瑰宝。今天我们齐聚一堂，开展诗文诵读会。比一比，哪位小

伙伴古诗文记得多!

2. 诗文赛读

(1)制定规则:每队派一名队员背诵规定的内容,要求不能重复,否则淘汰出局,坚持到最后的小队获胜。

(2)活动过程。

(3)活动总结:精彩的比赛结束了,队员"八仙过海,各显其能",展示了大家过人的才华,为大家点赞。同时,在本次活动中,我们也再一次领略了传统文化的魅力,感受到作为一名中国人的骄傲。

3. 阳光中队的"行知小先生"

(1)小先生:大家好,今天我做"行知小先生"讲讲传统文化和我们的好习惯养成。平时,老师给我们推荐了很多好的传统文化读本,我想听听大家都有哪些收获,谁先来说?

(2)队员代表1:大家好,我想和大家分享一下我读《弟子规》的心得感受。有这样一句话让我记忆深刻:"若衣服,若饮食,不如人,勿生戚。"这句话告诉我们若是穿着和饮食不如他人,不要攀比生气,要养成勤俭节约的好习惯。勤俭节约是中华民族的传统美德。在学校这个大家庭里,我们要以勤俭为荣,以浪费为耻。发现学校的水龙头漏水了,要以最快的速度报告老师。发现教室的灯该关了,我们要主动关闭开关。用自己的实际行动来爱护我们美丽的学校。

队员代表2:我认为刚才的小伙伴说得很好。学校就是我们的家,我们还要学会和小伙伴友善相处。我读了《小儿语》,还背了里面的很多名句,如"一争两丑,一让两有"。还有《论语》中的这几句话——"与朋友交,言而有信","人而无信,不知其可也",告诉我们与人相处时要懂得谦让,同时还要做到诚实守信。

队员代表3:我同意你的回答。我们不仅仅要"言必行,行必果",而且认真学习的好习惯也不要忘记。前几天我们的幸福树童话剧团刚刚排演了《去年的树》,讲得就是"与朋友交,言而有信"。请他们给我们表演一下吧!

小先生:太好了,有请小演员们。

(3)童话剧表演——《去年的树》。

(4)小先生的结束语:感谢小伙伴们的精彩分享。"与朋友交,言而有信。"经典带给我们的不仅仅是视觉的美感,还有心灵的洗涤。队员们,让我们从新学期开始,(大屏幕出示:齐读)牵手好习惯,与美德同行吧!谢谢大家。

4. 歌曲《春晓》

主持人:祖国的传统文化博大精深,有优美的诗文、华美的音乐,还有充满哲理的先人智慧。队员们,我的中队有很多小伙伴不仅会诵读诗歌,还会演唱呢,让我们一起来听一听吧!

主持人:感谢大家的歌声,今天的主题队会开展得非常精彩。下面请辅导员讲话。

(三)结束部分

1. 中队长:立正,请辅导员讲话。

辅导员:亲爱的队员们,今天我们开展了以"践行核心价值观,传承中华优秀传统文化"为主题的队会活动,大家的表现非常出色。中华传统文化源远流长,希望大家用心学习,以振兴中华为己任,努力将祖国的优秀传统文化发扬光大!

2. 中队长:呼号,请辅导员老师领呼。

辅导员:准备着,为共产主义事业而奋斗!

学生:时刻准备着!

中队长:全体立正,退队旗,敬礼……礼毕。"践行核心价值观,弘扬中华优秀传统文化"中队主题队会到此结束。

三、精彩瞬间

"阳光中队的行知小先生"环节是本次活动的一个亮点,通过经典诵读的交流,队员们学习了中华优秀传统美德,牵手生活好习惯,与美德同行。在活动中穿插童话剧表演,是本次活动的一个亮丽的瞬间。这是队员自己编写剧本、自己导演、自主排练的童话剧,在剧中体现诚信的美德,寓教育于活动之中。

通过活动的设计和开展,真正感受到了学生的成长。微队会的组织为学生搭建了自主活动的平台,使他们不仅了解了微队会的开展形式,而且从活动中锻炼了能力,学会了团结合作,增长了知识。让传统文化植根在学生的心田,让传统美德熏陶他们的心灵,让好习惯伴随他们的成长。

二、班级文化的影响

(一)学生价值观的塑造

班级文化对学生价值观的塑造是无处不在的。例如,有一年学校举办校园合唱节,当唱完《中国少年先锋队队歌》时。有一个班加上了宣誓的环节,效果非常好。事后有老师问班主任:"这么有智慧的想法是谁想出来的?"班主任说是班里的学生,那位老师很是吃惊,连连称赞学生情商高!但是,与其说学生情商高,不如说是他们从心里认为唱队歌就要有宣誓的仪式感。这种仪式感其实就是价值观的一种认识。这种认识和班级的整体文化有很大的关系。如果从入队开始，每次唱队歌都要求学生起立，唱完一定要向国旗和队旗敬队礼，久而久之，他们对队歌的感情自然也就不一样了。心中有爱才会尊重，因为尊重，才会重视仪式感。这种发自内心的情感表现就是“内化于心，外化于行”的价值观的塑造。

（二）中华优秀传统文化的传承

说到文化传承总感觉是个很大的话题，但在现实的学习和生活中我们会发现，中华优秀传统文化其实已经深入每个中国人的血液骨髓之中，特别是小学生，从小耳濡目染，传统文化的种子已经深植于心。但这颗种子的生根发芽和成长，需要老师、家长的引导与悉心培育。去其糟粕，取其精华，让优秀的传统文化孕育时代的文明，培育合格的新时代好少年。

小先生论坛——“讲三国”

学生对于中华传统文化的热爱是源于血脉的。例如笔者所带班级学生在四年级时就曾在班内开设了小先生论坛——“讲三国”栏目，从方案制订到活动的设计都是由学生自主完成。后来这个内容坚持做了近50期，从最初的一人讲，发展成一个团队的合作。每期都通过班级微信平台对外发布，最后还实现了视频的同步直播，在学生和家长中引起了不小的震动，成为班级文化的重要品牌之一。

是什么动力让学生坚持了这么长时间？要在不耽误学习的同时，搜集材料、制作课件，这是需要很多时间和精力的。学生的回答很真诚：“因为我喜欢《三国演义》这本书，它里面充满了智慧，我想让更多的人和我一起分享，所以我一直很努力地坚持在做。”

这看似很“小学生”的语言背后，是一个孩子对古典文学的热爱，是对中华传统文化智慧的痴迷和向往，最为可贵的是他愿意和小伙伴们一起分享，这也许就是中华优秀传统文化的基因所在，是最朴素的文化传承。

“金话筒”社团的学生曾一起学习“诗歌里的故乡”系列，其中有一首《静夜思变调》使人印象深刻。这首诗是熊秉明先生根据李白的《静夜思》创作的一首现代诗，内容如下：

一个古老的诗国，有一个白发的诗人。
拈一片霜的月光，凝成一首小诗，
给所有的孩子们唱，一代一代地唱。
会须一饮三百杯。老诗人捞月去了，
小诗留在月光里悠扬，在故乡悠扬，
在他乡悠扬……

这首诗中饱含深深的思乡之情，尤其是“拈一片霜的月光，凝成一首小诗，给所有的孩子们唱，一代一代地唱”，读到这里的时候，无需提醒，学生的语调自然而然地弱了下来，充满了惆怅。后来读到“老诗人捞月去了，小诗留在月光里悠扬，在故乡悠扬，在他乡悠扬”，学生眼中已经有了隐隐的泪光。穿越千年的悠悠岁月，“诗歌里的故乡”依旧是那样的动人心弦，这种深入血液里的家国情怀影响着一代又一代的华夏儿女，他们将这份情愫默默地传承。

在这组学习内容中，学生们不仅学习了《静夜思变调》，还学习了《独坐敬亭山》《回乡偶书》等一系列内容，每一首诗歌中蕴含的情感与智慧都给学生留下了深刻的印象，这种影响是由内而外的，是真正让学生“走心的”。其原因就在于优秀传统文化的魅力。“拈一片霜的月光”是对诗人李白浓浓乡愁的理解倾诉，是每一位中华儿女血液中流淌的“梦回故里，落叶生根”的乡土情怀，这是一种文化的基因，潜入骨髓，血脉相连。

（三）对生命文化的领悟

杏林子先生写的《生命生命》，是曾经收录到小学《语文》课本中的一篇文章。杏林子先生在文章中通过几个小故事，向我们阐述了生命的顽强。后来，笔者和学生一起做种植角，用心观察、亲身体验了一颗冬瓜籽破土而出逐渐长大的过程。下面是当时一位学生的观察日记。

冬瓜成长记

今天我和同学们一起去观察冬瓜，这可是我们亲手种下的小瓜籽，看着它一点点地长大，特别有成就感。记得它还是一棵小瓜苗的时候，它给我留下最深刻的印象就是“顽强”。那时候，我和小伙伴们一共种下了十几颗瓜籽，后来有六颗发芽了，其中那五颗成长得都很顺利，但只有这颗发芽的时候不知谁放了块上水石在种植角的一个角落里，可偏偏这粒种子正好就在这块石头下面。也许谁也没有想过，石头下面会孕育生命吧！但奇迹还是发生了。两周后，等我们发现的时候，这个小瓜苗已经破土而出，就从那块上水石的缝隙里长了出来。后来它越长越壮，成为那些瓜苗中最强壮的一棵。直到现在长出一米长的大冬瓜，实在是一个奇迹。

之前老师给我们讲《生命生命》的时候，讲到过一棵小瓜苗的顽强，但当时没有切身的感受，只停留在文字的想象之中，现在来看，的确是太强大了！

写这篇文字的同学后来还写过一篇《校园的朴树》也是在赞颂生命的强大，这些文字都在向我们彰显一种蓬勃的生命活力。这种精神传递的背后，其实也是学生对生命的理解。他们把这份体会凝聚于班级的学习和活动之中，自然形成了一种生命力的传递。

第三节　班级文化的现状

班级文化是依托并通过班级载体来反映和传播的文化现象，是班级师生在长期共同的学习、生活中培育形成的班级形象、奋斗目标、规章制度、行为规范等的总和。班级文化是一种区域性文化，是班级集体智慧的结晶。班级文化作为一种有效的教育因素和教育手段，在实践中其现状如何呢？本节内容将从不同的侧面展开分析。

一、班级文化现状描述及分析

（一）班级环境建设的文化缺失

班级环境是学生每天都要面对的，是德育隐性文化的重要内容，它对学生的影响是不言而喻的。但是，目前班级环境建设中存在几种令人担忧的现象。

第一，班级环境布置缺乏整体性规划。笔者在做班级文化访查时经常会遇到这样的情况，有的教室走进去非常干净，除了桌椅、黑板、讲桌无一杂物；有的教室满满当当，地上、墙上、黑板上到处都是学生的作品、生活用品，当然也有一些垃圾间或其中。这种“极简”和“极繁”的班级环境样式其实都是教室布置缺乏整体性规划的体现。当然，这个问题的出现是比较普遍的。班级环境建设作为班级文化的一部分，它需要班主任和学生的共同努力，既能突出本班的文化特色，又能将常规管理与学科教学相统一，需要管理的智慧，需要“经营”。具体解决方案在后面的章节中我们会详细介绍。

第二,班级环境建设缺少新意。这一现象主要表现在教室布置过于单一,缺少班级文化特色,分析原因有以下两个方面。

一方面,过度重视智育,重视应试的成绩,对于班级文化的理解多停留在学风和学习氛围的营造,从而导致班级文化的片面化,这是从教师层面的分析。从家长角度看,许多家长只关心学生的考试成绩,反对学生参加班级文化建设的活动,他们认为参加班级活动就是浪费学习时间。

另一方面,在班级文化建设中,部分班主任处于被动地位,为了学校的"评比"而开展班级文化建设。一个校长决定一所学校,一个班主任决定一个班级。有什么样的班主任,就会有什么样的班级和学生。高质量的班级环境是班级文化建设的基础,可以提高学生的学习效率和教师的教学效率,所以营造良好的班级文化环境是班级建设的重要内容。

(二)班级文化建设缺乏创新性

班级文化建设对学生的影响是方方面面的,但目前来看,缺少创新性的班级文化建设也普遍存在,严重影响了育人价值的体现。具体表现在:(1)班级物质文化的呈现缺少创新,如上文所述。(2)班级文化建设的参与度和参与形式过于单一、陈旧,未能做到面向人人。学生是班级的主人,而不是单纯被管理、被教育的对象,教师应该尊重学生的意见,给予学生充分的信任,发挥他们的创造力,用他们的智慧和双手一起参与创设有温度、有活力的班级文化。以上几点都是班级文化建设缺少创新性的体现。同时,也为班级文化建设的发展方向提出了更具体的目标。

(三)班主任班级管理的过度权威化

部分班主任采用传统的过度权威化方式管理学生,学生自我管理的机会较少。结果是班主任每天都忙于班级内事务,但效果却是事倍功半。教师的亲力亲为让班级管理缺少了学生的参与,从而也就让学生的自主管理成为虚设。究其原因,在于教师(班主任)重集体、重共性,而忽视学生的个性发展。因此,重视学生个性发展是班级文化建设新的模式构建的重要一步。

(四)班级文化活动的开展过于形式化

班级文化活动的开展是活动育人的核心内容,它对于学生的全面发展有着至关重要的作用。但部分班主任包括家长,认识不到它的重要价值,甚至把开展班级文化活动看作浪费教师和学生的时间。有的活动看上去很热闹,但只停留于表面,或过于形式化,为活动而活动,为发新闻而活动,从而忽视或者弱化了活动育人的价值。

(五)学生间的深入交流合作不够

班级成员间相互沟通,在沟通中互相学习、互相帮助达成共识,有利于形成积极进取的班风。但现在的学生大多是独生子女,习惯以自我为中心。如何使更多的学生融入集体与他人交流合作是班级文化建设的一个重大难题。

如此局面的产生,首先是社会和学校的原因。在当今社会中,人们意识到只有激烈的竞争才能拥有更多的资源,让自己更好地生存。在学校中,学生之间也存在一定的竞争。其次是家长和学生自身的原因。家长的过度保护使学生养成了任性自私的性格,学生自身自我中心观念浓重,对他人缺少理解和关心,因此缺乏合作的基础,这些都不利于培养学生形成合作意识和团队精神。

(六)师生间缺乏平等意识

时代在改变,老师的教育理念也在不断更新。但在部分班级中,还是存在教师"一言堂"的现象。很多班主任考虑到学生年龄小,总是喜欢强调要求学生如何做,而忽略了学生自主意识的养成。20 世纪初,蔡元培先生提出了"健全人格"的培养。《中国教育现代化 2035》提出"教育要注重面向人人"的理念,引领学生全面发展。因此,建立和谐的师生关系,促进师生之间的平等意识非常重要。如果师生间缺乏平等意识,不仅不利于师生和谐关系的建立,更不利于学生个性和创造性的培养。只有我们把学生看作教育的主体,使学生的个性特长得到发挥,这才是一个优秀班集体应具备的重要条件。

(七)学生心理辅导工作不充分

学校心理辅导工作的有效推进,不仅有利于学生的身心健康发展,更对学生的学业发展、综合能力的提升有重要的作用。

随着时代的发展,我们的教育关注点,已从过去的独生子女问题,逐步转换为"二孩、三孩"的问题,尤其是那场突兀起来的新冠肺炎疫情,更让很多学生的心理问题从潜水而浮出水面,这让班主任、家长应接不暇。痛定思痛之后,加大心理辅导的力度,重视学生心理健康的培养不仅提上了日程,更是在与时间争分夺秒,避免悲剧的发生。

二、班级文化建设的改进策略

(一)重视班级物质文化的建设的建设

教室作为学生学习和开展活动的主要场所,是班级物质文化体现的重要平台载体。

教室的布置要注意整体性、灵活性和经济性。因为教室的布置不是随心所欲的，而是每次都要有一个主题文化，落实班级文化建设的有效开展，体现育人价值。所以就应该注意班级布置的整体性，而且要注意班级布置材料的经济适用性，可以根据主题的不同而灵活变换。

除此之外，还需要对班级的物质文化环境进行有效管理，比如生物角安排专门同学进行管理，为植物浇水除草，提高学生的自主管理意识，增强班级小主人的责任感，为其他班级文化的建设奠定基础。

（二）制定民主开放的班级制度

要构建民主开放的班级制度。第一，加强对班级小岗位和班干部的评价。对小干部的客观评价，有利于促进他们改正错误，发扬优点，提高工作质量。第二，建立公平奖惩制度。做到公平合理、实事求是，体现民主。班级的行为规范经过长期履行，内化为习惯就会上升为班级的制度文化，为学生提供有序的学习空间。

（三）创建班级中和谐的人际关系

人际关系是指人与人之间的社会和心理关系，是在人们交往中形成的稳定持久的关系。班级中的人际关系，主要指师生间关系和生生间关系。良好的班级人际关系有助于教师开展工作，营造班级文化的和谐氛围。人无完人，在社会生存就必须要学会与人合作，而班级恰恰就像社会小舞台，学生不仅要展现个性，也要学会在集体中学会求合作。

（四）充分发挥班主任的重大作用

教育不仅是知识的传授，而且是一个灵魂受教育的过程，只关注学习和分数而不关心学生成长需要的教育是不完整的。而一个班主任的好坏就决定了学生受到什么样的精神洗礼，民主的班主任会促进学生全面健康成长，反之就会压抑学生个性等方面的培养。

以上是改进班级文化建设的几点措施，但不管是班级物质文化的建设，还是制定民主开放的班级制度、创建班级中和谐的人际关系，以及充分发挥班主任的重大作用，这一切都是建立在“以生为本”，构建和谐的班级文化，促进学生健康、全面成长的前提之上的。

第二章　班级文化建设的关键因素

“学习的目的和回报就是获得持续不断成长的能力。”[①]群体价值观的形成，是班级文化形成的关键，班主任作为班级文化建设的关键人物，她（他）的教育理念和教育情怀决定了班级文化的格局与发展的方向，和谐的同伴关系是促进班级文化发展的关键因素。

本章我们重点介绍班级文化建设的关键因素，它包括班级群体价值观的形成、关键人物——班主任的育人情怀和教育格局，以及学生同伴关系的建立等内容。从不同的角度论述班级文化建设过程中，关键因素所起到的重要推动作用。通过具体案例的分析，阐释不同的关键因素有着不同的引领导向，但归根结底，其产生的影响都将直接关系班级文化建设的发展方向。

第一节　群体价值观的形成

什么是班级的群体价值观？简单来说，就是关于学生、关于班级事物的集体认同，涵括了是非标准、价值的判断，以及由此形成的行为准则。比如，欺负弱小同学对不对？能不能取笑身体或认知有障碍、有困难的同学？如何正确对待班级里的“弱势”同学？……只要班级的群体价值观正确，即班风正，班级文化的发展就不会偏离正确的方向。

从大量案例分析来看，班级的群体价值观的构建是班级文化建设中“最重要也是最困难的——它既不可能自发生成，也不可能被‘打造’，它需要在长期的班级生活中，在班主任的悉心指导下，由全班师生共同努力而逐渐形成”[②]。

影响一个班级群体价值观形成的因素有哪些呢？具体来说，主要有班主任

① [美]约翰·杜威：《民主主义与教育》，陶志琼译，中国轻工业出版社 2014 年版，第 100 页。

② 陈宇：《班级文化体系的构建（中）》，《班主任》2017 年第 7 期。

价值观、学生个体价值观、学校文化氛围、班级小群体价值观、社会风气等内容。

一、班主任价值观

班主任是引导班级群体价值观形成的关键人物，班主任的个人价值观在工作方式、教育方法和评价标准等方面对学生行为和班风的形成都起着至关重要的作用。

在班级文化建设中，班主任是一个班级的“灵魂”，班主任的价值观会直接影响学生的行为。所以，部分班级出现问题，追根溯源，往往是班主任的价值观出了问题。因此，重视班主任个人素质的提升是非常重要的。

班主任的价值观影响班级文化的形成。我们要让班级有“文化”，首先班主任要有“文化”。这个“文化”不仅仅指学历，也不单单指学科教学能力和水平，更多的是指对教育本质的理解。其中，坚持教育的“面向人人”和“全纳与平等”是最为重要的。只有班主任把正确的教育理念，以具体的形式落实到班级文化建设中，班级文化的育人价值才能得到真正体现。

二、学生个体价值观

客观来说，每个人都有自己的价值观。“心理学家斯普朗格把人的价值观分成 6 种类型：理论型、经济型、审美型、社会性、政治型、宗教型。当然，绝大多数人的价值观是几种价值观类型的混合体。”[①]在一个班级里往往可以找到以下不同类型价值观的学生：理论型——学霸，学习能力超强；经济型——凡事谈条件，重“利益”；审美性——追求完美；社会型——有爱心，喜欢交往；政治型——对权力很热衷；宗教型——佛系。

了解学生的价值观类型对班主任的教育教学工作很重要，它可以让班主任了解学生的行为，知道应用不同的方法教育、激励不同的学生。当然，在诸如任用学生干部等问题上，它也有相当的参考价值。比如，班干部不仅要求表现好或者在某些方面有特长，至少还要有点儿社会型人格，因为班干部的工作很多是公益性、服务性的，过度自私、自我的人很难成为优秀的班干部，而热衷于权力和控制欲过强的学生，也不会受同学们的欢迎。

群体价值观是绝大多数学生都认同的观念。然而，要把个性迥异的学生拧成一股绳，谈何容易！

下面的这个案例是班级里的一件日常“小事”，但就在这些看似平常的语言

---

① 陈宇：《班级文化体系的构建(中)》,《班主任》2017 年第 7 期。

和行动里，我看到了一个学生对班级的热爱。这也许就是学生群体价值观最初的形成样态。

拾起的落叶

打扫室外卫生区，对于刚刚升入三年级的学生来说还是有一些难度的。开始，学生不知道怎么干，老师就一点点地教他们打扫的技巧。入秋以后，校园里的树叶纷纷飘落，打扫校园的卫生就成了一件很麻烦的事情，刚刚打扫干净，一阵风吹过，可能又会落了一地。

一天中午，练字的铃声已经响了，小E同学还没有到，班主任刚想给家长打电话就看到小E站在教室外，一边擦汗一边说："对不起老师，我迟到了。刚才我经过咱班的卫生区，看到地上又落了很多的树叶，我担心一会儿检查的同学会给咱班扣分，所以我就在楼下捡了会儿树叶，因此上来晚了。"

那天，班里开了个小小的班会，同学们纷纷表示要向小E学习。但小E却说："真的没有什么，班级就像我们的家，我们大家要爱护她，相信其他同学看到了，也会这样做的！"赞赏的掌声在教室久久回荡！

科尔伯格的儿童道德发展理论，对小学阶段学生的认知发展有详细阐述，其中的"好孩子道德定向"特别提到此阶段的学生希望得到认可和表扬，尤其是自己在意的人的认可，这对于学生来说是非常重要的。"班级就像我们的家，我们大家要爱护她。"学生的群体价值观的形成必然经历了一个过程，其间有教师的影响，也有群体文化的熏陶。

三、学校文化氛围

班级文化不能孤立于学校文化和社会文化而存在，如果我们所处的学校文化和社会文化环境并不理想，班级文化也难以"独善其身"。比如，班主任想在班级里教育学生相互关心，打造"阳光"班级。但学校整体的环境却是冷漠的，只重视学生的智育发展，不在意学生的归属感与内心的充盈。这样的学校氛围是很难塑造关心型的班级文化价值观的。因此，我们说，班级群体文化价值观一定是涵养在学校整体文化氛围大环境中的。

以阅读活动为例，打造"书香班级"看似是班级文化的一部分，但如果脱离学校文化大环境，则很难营造好一个充满书香氛围的"小环境"。因为"文化"需要浸润，而"浸润"需要环境的熏陶。学校阅读"大环境"应该如何营造呢？我们通过下面的例子来向大家介绍一下。

阅读成就理想

阅读是学校教育最基本的途径之一，是一种长期的、日积月累的、潜移默化的精神活动。阅读可以优化学生的品行，促进学生的全面发展。校园读书工程可以营造内涵丰富、特色鲜明的校园文化氛围，提高学校的办学品位，提高教师的文化素养，陶冶学生的情操。学校将围绕“让读书成为习惯，让书香伴我成长”的主旨，通过形式多样的校园读书活动，营造积极向上、清新高雅、健康文明的校园文化氛围。

围绕“让读书成为习惯，让书香伴我成长”主题，学校倡导“读书明理、读书求知、读书成才，让阅读成就我们的理想”的良好阅读风气。营造和谐的健康向上的校园文化环境，培养学生养成良好的读书习惯，让读书成为全校师生自发追求的生活方式，开启师生幸福人生，为学生创建享受成长快乐的理想乐园，让我们的学校成为名副其实的“天然图书馆。”

一、育人目标

为学校构建提升教育品质的理想平台，其育人目标如下：

(1)培育富有特色的校园文化，打造浓厚的学习氛围。提升学校办学水平，促进学生的全面发展，培养师生良好的读书习惯，提高学生读书的能力，培养学习型教师和学习型学生。

(2)提升我校教育的整体实力，打造品牌学校。促进教育改革与实践，全面提高教育教学质量，通过构建学习型学校推进学校管理创新，促进教师和学生素质全面发展，切实提高教育质量，形成自己的办学特色。

二、内容设计

依据目标，开展了一系列的活动，主要内容有：

(1)“晨诵”——与黎明共舞。通过晨诵，教师、学生与人类崇高精神对话，从晨诵中得到境界的提升，从晨诵中寻找到生活的榜样，在晨诵中荡涤自己的心灵，在晨诵中找寻理想的栖息地。

(2)“午读”——与童书相约。倡导儿童阶梯阅读，为每一个儿童寻找到他此时此刻最适合的童书。还倡导亲子共读、班级共读，通过共读一本书，共写心灵真诚的话语，实现师生之间、亲子之间、同学之间乃至老师和家长之间真正的沟通与成长。

(3)“暮省”——师、生、家长共写随笔。教师、学生以及参与阅读的家长都积极写随笔，在写的过程中，体验生活，反思自己，超越自我，让随笔成为生活的一部分，让随笔成为教师、学生、家长的精神家园。

三、实施原则

在全校打造阅读书香环境的过程中，坚持以下几个原则：

(1)坚持性原则。阅读成为习惯，书香陪伴成长。对于每一个学生来说，是非常幸福和快乐的，但营造良好的阅读氛围，却需要做好规划，一以贯之。"笃行"原则必不可少。

(2)指导性原则。所谓"读书百遍，其义自见"是建立在正确读书、正确理解的前提之下。这就需要来自老师、家长和小伙伴儿的引导。从书籍的推荐到读书方法的引导，帮助学生在不断的实践中找到适合自己的阅读方法。

(3)循序渐进性原则。阅读的目的是让学生从中获得知识，需要通过有效的引导，培养学生持久的阅读兴趣，学会思考，从而培养终身阅读的良好习惯。在这个过程中，遵循"循序渐进"的原则，就显得格外重要。从阅读书籍到阅读思考问题的引导，都要注意"循序渐进"，让学生对阅读的情感从喜爱到热爱，再到终身"手不释卷"。

(4)显效性原则：成立阅读工作室将阅读活动不断推行(让阅读成为学校生活中的一部分，阅读活动的开展一定会是不断推进、不断总结、不断延续和发展的。因此，需要一个团队的携手努力，需要集体智慧的结晶组合，需要一批志同道合、有着共同教育理想的老师们一同努力)；设立校"读书节"，在校、班广泛开展主题读书活动。举办读书论坛、专题讨论会、读书交流会等活动。

四、具体要求

(1)读好一本书——每人每学期至少选一本好书读完，读懂，读透彻。

(2)做好一件事——边读书边记，做好读书笔记。

(3)认识一个人——认识书中人，认识作者与他们交谈，感悟他们的思想。

(4)设计一张小书签——选择名言、警句、格言，配插图。

(5)换一本书，交一个友——每名教师和学生向其他人传递一本好书。

(6)上交一份作业——每名同学保证上交一份读书作业，可以是一份有质量的摘抄、一篇读后感、一张读书报等。当然各班也可以根据自己的实际情况进行作业创新，最终每班出一本成果集。

(7)组织一次读书活动——每班组织一次古诗背诵赛或读书知识竞赛、读书交流会等。

五、实施策略

(一)全力营造书香校园环境

1. 小书架成就大理想

学校拥有得天独厚的硬件条件，如我们的文化走廊、我们的阅读书架、我们的温馨小书窝，为学生们快乐读书提供了非常好的外部条件。学校购置了大量的优秀书籍供选择，以便教师和学生随时可以找到自己喜欢的书、随时可以根据自己的阅读需要看到自己想看的书。在部分展示书架上还布置有师生作品、名人名言、经典古诗等，让阅读与陶冶随时随地发生，从小处着手，使学生能移步换景，沉浸在浓郁的书香氛围中。可以说，小小书架成就的将是学生将来远大的理想。

2. 教室里的书卷芬芳

通过"班级图书角"和教室布置，设计"书香班级"，教室里设置"读书台"，班级墙壁上张贴学生的作品；组织好"班级书目推荐""好书交换站"等活动。让学校的每一面墙壁都会说话，让学校的每一个角落都能闻到书香，让每一名学生随手能拿到书，随时有书读，让他们每天在这样的阅读环境中生活。

3. 倡导"共读一本书，好书大家读"

共读一本好书，共同交流读书的心得和感受，这种收获是快乐的，是令每一位学生受益终生的。

4. 书吧式阅读

利用学校优越的校园环境，尝试开展书吧式阅读活动，因地制宜，办出有学校特色的精品阅读课。

(二)明确要求，积极开展读写活动

为更好地开展校园读写活动，可以从以下几个方面入手，切实提高读书工程的实效性。

1. 上好阅读课

上好阅读课是落实学生阅读的底线，要不折不扣、保质保量地执行。创设一个书香浓郁的阅读氛围不易，学生能在这个时间里认真地、虔诚地阅读几本终身受益的书籍，也是一段美好的回忆。在斗转星移之间，学生上穷远古，视接宇宙，与古人对话，和伟人同行，品味读书之乐。

学生在阅读课上可以在教师的指导下养成良好的阅读习惯。学会读书、学会选择适合阅读的好书，通过在课堂上与老师和同学的交流读更多的书。这些对学生今后的读书学习都大有裨益。

2. 良好的开端——"晨诵"

每周安排相对固定的晨诵课，一般在10—20分钟，可以利用语文自习的时间来实现。内容以诵诗为主，可以从各种儿童诗选中寻找。晨诵的形式有晨间诵诗、经典诗词、生日诗、情境诵诗等。

3. 细水长流——班级内的交流

利用班队会或课前五分钟，各班同学可以开展"读书论坛"，分享经典书籍的收获与体会，甚至可以推出用学生名字命名的主题分享栏目，比如“晨曦读三国”等，营造良好的读书氛围。

4. 精神午餐——“午读”

低年级可以积极倡导读、写、绘相结合，用阅读绘本、讲故事、绘画表达与创作相整合的办法。从中年级开始，绘本故事逐渐减少，文字阅读逐步增加，鼓励多阅读故事性较强的文字内容，加大对整本书的主题探讨，条件允许，鼓励开始进行历史故事与人物传记的阅读。高年级主张以主题探讨为主，通过阅读交流认识和思考，教师也应参与其中；加大阅读量，加入人文历史、自然科学方面的阅读；将阅读与教育教学实践相结合。

5. 师生共写随笔——“暮省”

“暮省”一般在课余时间进行。教师应充分利用休息日和假期，静下心来，读书报，诵经典，品名著，充实自我，然后可以抽时间记录自己的体验与心得。同时教师要注意引导学生把随笔与日记视为“三省吾身”的生活方式，并积极参与学生的成长，利用师生共写随笔引领孩子们走向自主与成熟。

“师生共写随笔”除了可以采用教师写教育日记、教育随笔、教学案例，学生写生活日记、周记等形式外，还可以运用以下灵活方式：

(1)积累好书，积累成长。建立“读书手账”，将读书中读到的精彩内容和美好语言记录下来，同时还可以记录收获，收录读书心得。

(2)研讨交流展示读书成果。定期开展读书沙龙活动，每次组织不同的专题，结合不同年龄段的学生的成长需要开展阅读分享活动。

6. 营养的下午茶——读书社团活动

进行读书活动也应引导充分发挥学校社团的作用。在学校所有社团中开设与读书活动相关的社团，对学生进行读书指导和相关拓展活动。

(三)开拓读书渠道，开展家庭读书活动

家校协同育人，开拓读书渠道。通过开展家长和孩子共同体验读书活动，如“妈妈读书会”“家庭读书荟”等活动，增进家长与孩子的交流，更全面、更多元地营造浓浓的读书氛围，培养学生的良好读书习惯，促进学生全面健康成长。

(四)开展丰富多彩的活动，促进读书活动的升华

关于读书活动的开展，大致分为三类。

读书漂流：根据统计，多数学生的书架上都有部分闲置图书，如何让资源再利用？学校可通过开展“图书漂流会”的形式，让学生在互动活动中实现图书资源共享。

好书分享：此类活动可以从班级、家庭、学校不同的层面开展。主题不同，形式多样，但最终都指向学生阅读兴趣的培养和阅读能力的提升。

读书展评：此类活动以班级开展居多，通过“阅读知识竞赛”“读写小报”的制作、“读写手账”的展评等形式，分享阅读心得，提升阅读品味。

学校文化氛围的营造需要有整体的规划与设计。以上是校本阅读课程的设计和实施策略，目的是培养不同年级学生的阅读兴趣和阅读习惯。面向全校学生开设的阅读课程系列活动，既关注到不同年龄阶段学生的认知接受能力，也关注到不同学生的兴趣特点，注重因材施教。校本阅读课程的设计与开发为营造班级良好阅读环境打下了坚实的基础。学校文化氛围的营造，因时因地因人，以点带面，为促进班级价值观的形成起着积极的促进作用。

四、班级小团体价值观

从艾拉斯莫斯正式提出“班级”一词，班级作为学校的基本单位，在整个学校教育功能中发挥着重要的作用，几乎所有的教育教学工作的开展都是在班级活动中实现的。教育社会学认为，班级是一个微型社会，即班级存在一定的组织结构，履行学校的社会职能，班级集体的共同愿景、发展目标、组织结构、角色分配、人际互动等是社会关系的缩影和投射，深刻地影响着学生社会化的发展。在一个班级里，普遍存在因共同的兴趣、爱好等形成的若干小团体（非正式组织）和一些组织能力较强的“领军人物”。[①] 他们构成了班级文化的一种特殊群体存在，对班级群体价值观的形成具有一定的影响。

（一）班级小团体的特点

（1）每一个小团体都有自己认可的价值观。
（2）班级小团体中的“领军人物”对团体价值观的影响起着直接重要的作用。
（3）班级小团体的价值观存在积极与消极的两面性。

（二）班级小团体对群体价值观的影响

班级小团体对班级群体价值观的影响有积极一面，也有消极的一面。班级小团体中的“核心人物”在学生中具有一定的威信和号召力，如果他们的价值观与班级主流价值观的不相一致，那么班级群体价值观的形成就会受到很大的阻力。但同时，我们也应该看到班级文化对个体价值观、班级小团体价值观、学校文化氛围的积极影响，它们之间的关系是相互的。因此，倡导积极的小团体价值

① 参见陈冲、张维权、常序、李恒杰：《基于网格化思维的高校班级管理模式创新》，《中国多媒体与网络教学学报》（上旬刊）2018 年第 10 期。

观对于班级文化的建设是非常重要的。

如何引导班级小团体树立积极的价值观，促进班级群体价值观的形成？可从以下几个方面着手：第一，创设积极向上的班级文化群体。第二，为学生的个性发展打造平台。

教育要面向人人，鼓励学生全面发展，就要尊重学生的个性，并为学生特殊才能的发展提供有利条件，使他们的个性在班级的各种活动过程中得到更好的发展。这是班级群体价值观形成的需要，同时也是成功的班主任的共同经验。

下面两个班级团体的存在，都在班级文化建设的过程中起着积极的推动作用。

“幸福树”童话剧团

在班级里有很多喜欢写作的孩子，他们对文字的创作有一种与生俱来的亲近感；还有一些学生喜欢把自己创作或改编的故事“表演”出来。这些都是知识能力的积累与分享，在班级里是值得支持与鼓励的。

后来，学生们自发成立了“幸福树”童话剧团，自编自导自演了多部童话剧，成为班级里的“文化”领航人。全国少先队总辅导员参观校园时，他们创作演出的童话剧《大树与小鸟》，受到来自全国各地总辅们的一致好评。不久后，学生们又推出了新剧本《当苹果和月亮低语》，在班刊和班级公众号上发表推送。

附：童话剧本《当苹果和月亮低语》剧本创作

【前言】

《当苹果和月亮低语》是我和小宇创作的第一个童话剧本。

这个童话讲的是小黑熊的妈妈因病去世，他要找到唯一的亲人：黑熊外婆。于是，小黑熊带上他心爱的吉他，一路上，凭着自己的聪明智慧克服重重困难终于找到了外婆。

通过创作这一剧本，我深深地体会到，创作童话剧本是一件很快乐的事情，可以让你把所有的想象都融入进去，在思考的过程中，你仿佛已经置身于童话世界，那里的小伙伴就会带给你无尽的欢乐和想象……

（编者：晓晨姑娘）

【剧本内容】

旁白：在一座大森林里，住着一只小黑熊和他的妈妈。有一天，小黑熊的妈妈得了重感冒，很不幸，没过几天就去世了。

旁白：孤苦伶仃的小黑熊非常想念自己的外婆，她是小黑熊唯一的亲人了。

旁白：小黑熊很小的时候见过外婆。那还是在自己的家乡，一个名叫苹果山村的地方。后来，他和妈妈远离家乡，再也没有回去看过外婆。

旁白：小黑熊不知道那个苹果山村在哪里，也不知道外婆叫什么名字，长得什么模样，现在是不是还在世上。但是，小黑熊非常想念家乡，想念外婆。他一定要找到唯一的亲人。于是，他带上干粮，背着心爱的乐器——吉他，出发去寻找家乡。

旁白：一路上，小黑熊唱着妈妈教他的歌和他自己编的歌。歌声使他结识了许多朋友，他们都愿意帮助他，给他指点去苹果山村的路。

旁白：当小黑熊来到苹果山村的时候，正是苹果成熟的季节，山村四周的树上挂满了苹果。山村里错落有致地分布着一幢幢小木头房子。

小黑熊：我不知道外婆住在哪间房子里，而且外婆还不认识我，这可怎么办啊？

旁白：小黑熊有点发愣。这时，他的手无意间碰到了带着的吉他，琴弦发出一声低低的声音。小黑熊突然想起来，自己小时候曾学过一首歌，是妈妈教的，妈妈说，这首歌还是她小时候外婆教他的。

旁白：小黑熊面对一排小木头房子，他在一棵大苹果树下，拨动琴弦，唱了起来。

小黑熊：

当苹果和月亮低语，
到处飘荡着，
浓浓的香气，
这时候——
我的家乡多么美丽……

旁白：不知为什么，像有谁施了魔法一样。每一幢小木头房子的窗子都打开了，探出一个个脑袋，有小兔子的，有小松鼠的，有豪猪的，还有青蛙和小鸭子的……

旁白：其中还有一位黑熊奶奶，她听着听着就流下了眼泪。

旁白：黑熊奶奶颤巍巍地跑了出来。

黑熊外婆：是谁教会你唱这首歌的？

小黑熊：这首歌是外婆教给妈妈，后来妈妈又教会了我。

黑熊外婆：那，你就是我的小外孙"果果"了？

旁白：自从妈妈去世后，小黑熊第一次听见有人叫他的小名。他搂着外婆哭了起来。这时，山村里的所有居民都围了上来，他们为小黑熊用这么聪明的办法找到外婆而高兴。

旁白：大伙都要小黑熊教他们唱这首歌，因为这是一首他们家乡的歌。将来，无论走得多远，无论相隔多久，他们都能凭这首歌找到家乡，找到亲人。

旁白：于是，在这黄昏时的苹果山村，小黑熊弹起吉他，全山村的居民一起唱了起来。（歌声）

当苹果和月亮低语，
到处飘荡着，
浓浓的香气，
这时候——
我的家乡多么美丽——
我要把你建设，
我要把你拥抱，
……

在一个美丽的地方，
歌声在那飘飘荡荡，
太阳照耀在微微湖上，
秋风乍起树叶飘落
家乡多么美丽——

（根据张秋生同名童话剧改编　主笔人：晓晨　宇宇）

这个剧本的推出，对于学生来说充满了积极探索的价值和意义，让老师深感欣慰，因为这样的尝试真的非常难得。学生把在课堂学到的知识与写作技巧，运用于自己喜欢的剧本创作中，“学以致用”才是真正有价值的“温故知新”。

“小豆丁”读书，让书香陪伴成长

一场突如其来的疫情让“线上学习”“线上读书”等成为一种交流的常态。一群刚刚读一年级的“小豆豆”们，他们小学生涯的第一个春天是在家里度过的。但是“停课不停学”，除正常的网课学习外，孩子们还自发组织了“小豆丁”组合，由13位喜欢读书的同学组成，邀请老师和爸爸妈妈做读书指导。两个多月的时间，这群刚刚上学只有半年的小家伙们竟然读完了《窗边的小豆豆》，还录制了65期的“小豆丁组合读整本书——《窗边的小豆豆》”，发表在班级微信公众号“阳光中队”上。

是什么样的力量让这么小的孩子有如此大的热情坚持下来呢？在这个过程中他们又发生了哪些变化？取得怎样的进步呢？一起听听孩子们是怎么说的。

君君：《窗边的小豆豆》是一年级时，老师推荐给我们的一本好看的书。刚刚拿到这本书时，看着厚厚的书页，我心里打起退堂鼓：那么厚的书，什么时候才可以看完？为了打消我们的畏难情绪，培养我们阅读的兴趣，老师鼓励我们录制分享视频。于是有了我们"小豆丁读书"组合。我们这些小伙伴开始分工合作，互相鼓励互相督促，看书的时光也变得积极有趣。刚刚开始录制的时候，我会害羞会忘词会紧张，录制的时间越久，我越得心应手。在同学们的互相分享中，一本《小豆豆》很快就读完了，老师既让我们轻轻松松地读了书，也让我们锻炼了语言表达能力，"小豆丁"读书的经历让我之后的读书学习非常受益！

辰辰：刚开始录视频时，有些害羞，不愿意出镜，很多时候想要放弃，在老师和妈妈鼓励下，我克服内心障碍，配合妈妈录完第一个视频。虽然视频只有短短一分钟，但是分三段，剪映拼接一起的。有了录第一个视频的经验，录第二个视频显得格外简单了，两分钟的视频都可以一气呵成了。我坚持和我的"小豆丁"伙伴们一起录了 65 期，幸福感和成功感满满。从那以后，我爱上录视频，爱上阅读。老师说："让阅读成为习惯，愿书香陪我成长。"让我明白读书对我成长的重要性。谢谢亲爱的老师。

"小豆丁"读书是一种"群体文化"的萌芽形态，通过同心向力的"读书文化"润泽涵养，让这群 6—7 岁的孩子凝聚于"同一点"，在群体的相互鼓励、相互陪伴下完成了连他们自己都认为是"不可思议"的事情。这个过程，其实也是对维果茨基"最近发展区"的另一种解读。学生的潜力是无限的，关键看如何引导。班级小群体的文化形成，为"群体价值观"的形成奠定了基础。

第二节　关键人物——班主任

班主任是学生的"精神关怀者"和"人生导师"，是班级的教育者和组织者，是班级文化建设的"关键人物"。可以毫不夸张地说，班主任的格局与情怀直接关系到班级文化发展的高度与深度。班主任以其自身具备的专业素养与情怀魅力引领班级文化的建设与发展。

一、班主任的育人情怀

在班主任诸多特殊价值与必备能力素养中，我认为排在第一位的是“班主任的育人情怀”。原因有三：

第一，班主任面向的群体是学生，特别是小学阶段的班主任，面对的是6—12岁的儿童，属于未成年人，其心志尚未成熟，需要教师特别是班主任的引导和培养。

第二，班主任角色的特殊性决定了育人的根本前提是“责任”与“爱”同行。眼中没有学生的老师，很难走进学生的内心。没有接纳，怎么会让教育真正发生？

第三，班主任的育人情怀，是在“关系”建立的基础之上产生的一种情感的互动表达。这种“关系”的主体是教师和学生，其具体表现形式是建立在以“关心”为基础之上的。

老师，我为你挡挡光吧

师生之间总有说不完的话题，学生的情感纯真质朴，爱老师爱得很真诚；喜欢用最直接的方式表达情感。以下是我的一段亲身经历！

有一次学校集会，当时天气比较热，太阳很晒，我让学生尽量都坐到树荫下，自己坐到了最外面。这时候，有位同学说：“老师，咱俩换换吧，您那里太晒了！”当时内心很感动，但没有接受他的建议，只是表达了谢意。当看到学生有点失望时，赶紧补充说：“谢谢，老师喜欢阳光的味道，但你的好意我很感谢！”随机摸摸他的头。

因为那段时间比较忙碌，身体有点透支，坐下来后感到了疲惫，不知不觉有些恍惚。这时我感到有双小手举到了眼前，以为是哪个小捣蛋在发小坏，用手轻拍了一下，结果发现是坐在旁边的小恩，他是个高高胖胖的“大男孩”，这时脸上有点红红的，仿佛是下了很大决心说：“老师，我的手可以为您挡挡光，这样您会感觉舒服一点。”听到这些话，我非常感动，尽管学生的年龄尚小，但他们的内心细腻，表达爱的方式自然真诚。我感受到了他们对我的爱！

以上记录的是师生之间的一件非常平常的小事，但很有治愈性。学生对老师真诚的爱像一剂良药，能消除班主任职业“高原期的不良反应”。

所谓的班主任“高原期的不良反应”，是每一位班主任都会经历的。简而言之，就是当班主任走出了职业青涩，经历了一段时间的工作磨砺，逐渐成熟，各项工作相对顺手。这时很多班主任会自发地学习，希望能在专业领域进一步提升。

但这个过程会有一段很艰难的路要走，这就是所谓的“高原期”。其“不良反应”有以下几点：

第一，理论与实践的不兼容。理论是实践的支撑，也是决定教师专业成长的关键因素。很多一线班主任，实践经验非常丰富，但专业理论知识却有所欠缺。致使很多教育现象没能进一步的提炼总结升华，从而也影响教师个人的专业成长。要解决这个问题，就需要通过大量的阅读和知识的晋级，改变原有知识体系的建构，提升教育的格局，完善教育理念的认知，在某种意义上讲就是一场“艰难”的蜕变成长。

第二，眼高手低不协调。随着个人认识层面的不断提升，对很多教育现象和教育问题也会有更深入的思考，这时面临的是“眼高手低”的问题，似乎看到了“问题”，但如何去诠释、提炼却很迷茫，甚至有时会很沮丧。

第三，“工作倦怠”很无奈。处在这一时期的班主任，年龄在35—45岁，年富力强，是学校的中坚力量，身上不仅有教学工作，还有学生管理、教科研等诸多任务。责任是动力，也是压力，当这种压力和个人的承受力不相匹配的时候，排斥、倦怠和想放弃的想法都是有可能出现的，甚至会有抑郁的情绪产生。

走在“高原”上的老师，面对各种“不良反应”唯一能做的就是自我蜕变，完成个人的晋级“成长”。其间最好的良药就是来自学生的爱。这份爱是关怀，是信任，更是动力源泉，它能消除80%以上的“缺氧反应”，给走在“高原”上的老师慰藉和方向。但前提是我们的老师要给学生表达爱的机会。

良好师生关系的建立，教师的教育情怀是前提，但还需要班主任的教育格局、管理的能力（管理的艺术）、正确的教育理念和科学的教育方法。

二、班主任的教育格局

班主任的教育格局决定了班级群体价值观的方向，奠定了班级文化建设的基调。从宏观角度讲，班主任的格局素养应具备以下几个特点：

第一，要有为人师表的风范。班主任是学生的教育者、引路人，是学生学习的榜样。班主任要严于律己，其一言一行、性情作风、为人处世等各方面均能为人师表，为学生示范。

第二，要相信教育的力量。相信每个学生都有自己的特点、优势和潜能，只要经过教育，都有美好的发展与前途。即使有缺点、错误的学生，只要真诚关怀，耐心教育，一定会有改变。只有始终坚信“教育可以改变人的命运”的班主任才能百折不挠、坚定不移地走下去，否则，很难胜任班主任的工作。

第三，要有家长的情怀。班主任对待学生要像家长对待孩子一样，给予无微不至的关怀，与学生彼此信赖。这样才能使学生更易亲近班主任，听从班主任的教导，才能使班主任的工作顺利进行。

第四，要有较强的组织能力。班主任要善于与学生打交道，善于和学生交流，这样才能便于组织学生开展活动。同时，班主任还要善于在工作中表现出魄力，能令行禁止，坚定地引导学生沿着正确的方向不断向前。

三、班主任的管理能力与工作艺术

（一）班主任工作能力

班主任作为班级文化建设的领导者、班级群体价值观形成的关键人物，首先应具备深刻影响班级学生全面发展的能力，此外，还对班集体的发展起主导作用，在很大程度上决定着班级的精神面貌和发展趋势。

第一，根据教育工作的需要，协调各方对学生的要求。

第二，有计划地组织学生的教育活动，做好学生的思想教育工作，并对他们的学习、活动、劳动实践和课余生活进行指导。

第三，塑造班级积极向上的阳光形象，培养学生的优秀品质，营造良好氛围，使每个学生都能在德智体美等方面得到充分的发展，形成良好的个性。

（二）班主任的工作艺术

班主任的工作艺术是一门很重要的学问，它要求班主任不仅要有教育学、心理学的知识储备，要有丰富的班级管理经验、熟悉学生的成长特点，要有较强的观察能力和分析总结能力，还要有较好的语言表达能力和沟通交往的能力。

如何走进学生的内心，取得学生的认可、接受、相信，需要做到以下几点：

（1）引导的艺术：因人而异，不同的学生采用不同的形式启发、劝导。

（2）批评的艺术：学生犯一次错误，只批评一次，不多次反复批评。

（3）交往的艺术：换位思考、将心比心，冷静、恰当。

（4）转化的艺术：师生心理相融、后进生转化要有梯度，目标不能太高。

（5）表扬的艺术：实事求是、真诚具体。

（6）评价的艺术：多元、肯定。

（7）语言的艺术：情在言先、理在言中、意在言后，正确运用幽默与沉默。

（8）家长工作艺术：组织好班级家长会，做好家访，应考虑不同家庭的情况和不同家长的类型。

（9）偶发事件处理艺术：注意研究偶发事件特点、产生的成因、处理的策略。

（10）选拔艺术：班干部的选拔采用个人申报、民主选举、轮岗培训等培养方式。

四、班主任要有科学教育方法

(一)调研学情了解学生

了解学生的实际情况,做好调研记录。

主要方法:问卷法、访谈法、案例分析法。

研究范围:主要包括了解学生个人和集体两个方面。

(二)注重学习习惯养成

重视学生学习习惯的培养,特别是课前、课中和课后,引导学生找到适合自己的学习方法,养成良好的学习习惯。

(三)重视组织班会活动

开展班会活动是班主任的一项重要工作。班会的内容和形式应该多样化,育人目标明确,在制订计划时要注重与学科面的融合,将"教书、育人"有机结合,实现全环境立德树人。

(四)加强校外实践活动指导

校外实践活动的开展,不仅培养学生的才干,丰富学生的课余生活,更促进学生德、智、体、美、劳的全面发展。班主任要负责动员和组织工作,进行必要的指导,但也要关注学生的安全和习惯养成教育的有效落实。

(五)组织学生的劳动实践

班主任在组织学生劳动时需注意:

第一,做好准备工作。首先,要做好学生的思想动员工作;其次,要使学生明确劳动的任务;最后,要把学生组织起来,建立一定的组织领导机制。

第二,组织与指导。在劳动实践过程中,班主任要教给学生劳动的技巧与方法,组织学生参与其中,多动手、多实践,学会总结方法。

第三,劳动结束后及时总结,展示成果,提出要求,促进发展。

(六)协调各方面对学生的要求

这项工作主要包括两个内容:第一,统一各科老师对学生的要求。第二,统一家、校、社,实现多方联动,形成教育合力。

(七)客观评价学生操行素养

操行评定是学校对学生进行综合评定的重要方式之一,教师不仅要对学生平时的思想品德、习惯养成、活动参与等多方面进行评价,还要对未来学生的发展方向提出指导和要求,在撰写评语时要客观公正,实事求是,鼓励为主。

(八)做好班主任的工作计划与总结

做好计划是有效开展班级工作的前提,更是有效落实育人工作的前提。需要班主任老师缜密思考,用心计划。学期末的及时总结不仅是工作留痕、资料的整理,更是对工作的反思与梳理,对班级发展和班主任个人成长都有非常重要的作用。

(九)通过家访建立家校联系

班主任应该与家长取得密切的联系,了解家长的希望和要求,了解学生的家庭环境,以便更深入地了解学生,与家长形成教育合力,共同培养学生。这是教师与家长相互协作、共同促进学生发展的过程。

第三节　同伴关系的和谐发展

一、同伴关系与同伴文化

同伴关系和同伴文化是学生所处的微观环境中的另一重要因素。随着儿童年龄的增长,儿童与父母的接触逐渐减少,而与同伴的交往日益增多,同伴的影响将日益突出。①

当几个或更多同伴结成小群体时,同伴文化的影响就更为明显。例如,在一个群体中,小伙伴都喜欢并且经常相约一起玩滑板时,其中一个同伴因为家庭原因没有买滑板,那么他(她)会感到很孤独,而很可能闹着让父母买滑板。如果父母不同意,这个学生会继续争取,一直到父母妥协为止,或者离开这个同伴群体。一般来说,在父母与同伴的较量中,取胜的常常是同伴,儿童的年龄越大,受同伴的影响也越大。

① 参见张胜玲:《初中物理力学有效教学策略研究》,山东师范大学硕士学位论文,2013年。

因此，好的同伴关系和同伴文化对学生的个性和社会性发展都有着至关重要的影响，引导学生建立健康的同伴关系和同伴文化是学校老师和家长共同研究的问题。

二、同伴和谐发展的提出

（一）同伴和谐发展提出的理论意义

“和谐”是个古老的话题，人的和谐发展也是人类一直以来追求的理想境界。孟子在春秋战国时期就提出并论证了“天时不如地利，地利不如人和”的观点；古希腊哲学家毕达哥拉斯认为，整个天地就是“和谐”；古希腊哲学家柏拉图也提倡德、智、体和谐发展。因此，学生和谐发展的提出有其深厚的历史渊源。

目前，我国正在构建新时期的社会主义和谐社会。和谐社会是经济强大、政治昌明、科技发达、文化繁荣的社会，也是人的素质和精神境界极大提高的社会。因此，同伴和谐发展的提出是社会发展的现实需要。学生时代的和谐发展，是整个人生和谐发展的基石，只有个体得到和谐发展，才能满足我国社会主义和谐社会对人才的需求。因此，从社会发展的角度看，学生和谐发展的提出是必需的，也是必要的。

（二）同伴和谐发展的界定

和谐是多样性相互包容、相互协调而形成的一种状态、一种效果、一种境界。人类自身就是和谐的体现。夸美纽斯(Johann Amos Comenius)认为，人本身就是一种和谐，人在身心各方面都存在着和谐发展的种子。比如，人能根据鸟飞的特征制造出飞机，把自己送上天；根据鱼儿潜水的特征发明了潜水艇；等等。人的这种生产达到了合理性与目的性的统一，因而较动物有更多的自由性。这种以合规律性与合目的性的统一为前提的自由，便是“和谐”。在这个意义上，和谐就是符合一定规律的自由。

综上所述，同伴的和谐发展，应是在合规律性、合目的性统一的自由前提下，让学生体验到精神上的满足和情感上的愉悦的发展。进一步讲，学生和谐发展应是合乎青少年身心成长规律、体现时代要求的发展，是协调的、生动活泼的发展，是结构合理且富有个性的发展。学生和谐发展应包括以下几方面内容，即品德的和谐发展、知识的和谐发展、能力的和谐发展、身心的和谐发展以及观念的和谐发展。

那么，同伴的和谐发展与学生的全面发展和个性发展的关系如何呢？马克思主义认为，人的全面发展就是使人的智力和体力得到充分的、自由的发展和运用；使道德和审美情趣获得高度发展；使人的个性发展得到充分发展。[①] 学生的全面发展就指德、智、体、美等几方面的发展，而学生的个性发展则是学生个性和特长的发展。过于追求个人的个性发展，可能会导致学生某方面发展的失调失衡，使其不能成为一个健全的人。学生和谐发展则可避免走向两个极端。从哲学的观点看，和谐首先是一种多样性的统一，同时也是一种合理的差异性。因此，学生的和谐发展是学生各方面能力的协调发展，是学生全面发展和个性发展的最佳体现。在这个意义上，和谐发展意味着人的高尚的思想信念、道德品质、审美情趣、智力发展以及物质需要和精神需要的有机结合，使人在工作和生活中表现出力量、能力、热情和需要的完美和谐。个体发展的和谐，同时也会显示出个性的完美，使个性得到很好的发展，学生德智体等各种素质的和谐发展，本质上也体现了个性的完美发展。

三、同伴文化现状分析

从布朗芬布伦纳(Urie Bronfenbrenner)的社会生态理论对“同伴文化”和“同伴关系”分析研究，结合当前学生的实际情况，我们不难发现，目前学生在“同伴”交往中存在以下三种问题。

(一)不会沟通

学生通过学校的生活与交往，可以获得道德的理解、体验和践行，以此逐步培养起对社会及其道德规范的认同，并将之内化为个人的道德思维定式和行为方式，其结果就是个人品格的获得，或者说道德习惯的形成。[②] 但如果缺少正常的沟通能力，不能正确表达自己的想法，不但影响个人的成长，还会影响同伴关系的建立。例如，甜甜同学长得非常可爱，粉嘟嘟的小脸像极了景德镇的“瓷娃娃”。但小姑娘从上学第一天开始，就没少让班主任老师操心，为什么呢？因为小姑娘在班里只要有人看她一眼，她都会大喊大叫，认为别人对她有敌意，如果多说几句，哪怕是对她善意提醒，她都会很不高兴，即使上着课，也会哭闹不止。后来多次和家长沟通才知道：小时候家长太在意孩子的感受，几乎事事都顺着她，在家就是说一不二的小公主。后来上幼儿园，她说不喜欢和小朋友在一起，常常哭闹，于是家长又顺着她，三年的幼儿园就没上过几天，孩子始终没能融入集体。但是，孩子总要离开家，上小学后的诸多问题，其根源就在于此。

学会交流、融入集体，这是甜甜姑娘目前需要面临的重要一课。我曾经和小

---

① 参见段志光主编：《大学新生活适应教育概论》，中国科学技术出版社2003年版，第86—88页。

② 参见郑富兴：《论美国新品格教育的“社群化”特征》，《比较教育研究》2004年第11期。

姑娘聊过几次，发现她其实很想有朋友，也喜欢和大家一起玩，但是不知道该怎样交流，这让她也很“苦恼”。因此，从小教会孩子沟通的技巧与方法让孩子融入集体，在成长的关键期给予及时、充分的引导是目前家长应该重视的内容。从甜甜的成长经历，我们看到同伴交流的关键期不容错过。

（二）缺少引领

在同伴关系的建立中，来自父母和老师的引领是非常重要的。有一次在公园散步的时候，遇到几个小朋友在玩耍。其中一个孩子在草地上捡到一个掉落的松果，另一个孩子很喜欢，也想要。但找遍草地，也只有这一个松果最完整。于是，两个孩子开始了争抢。这时候，两位妈妈赶了过来开始“调停”。其中一位妈妈说：“为什么要吵架争抢呢？你们完全可以一起玩啊！比如，一起把它画下来，或者用它设计一个玩具或工艺品，可以作为你们共同的作业一起完成。既有时间好好地观察它，还能共同分享它给你们带来的成果。这是多么美的事情啊！”有了妈妈的引导，果然，这两个孩子不仅没有吵架，还共同完成了很棒的作品，让一个小小的松果发挥了“最大的价值”。

但如果没有好的“引领”呢？可能两个孩子都会把目光仅停留在对松果的“占有欲”上，很难实现后面的“合作共赢”。

（三）没有共情

让学生学会“共情”，才能让他们学会换位思考，理解他人的感受。“共情”之心是学生迈出“自我”小世界的重要一步。但在现实当中，我们往往看到很多孩子缺少“共情”。在对某班的一次问卷调查中发现，在全班45名学生中，有一半以上学生在与同伴相处时经常出现矛盾，但很少会主动换位思考，认为自己的事情很重要，不愿为别人考虑。

四、建立和谐同伴关系的途径与方法

在“同伴交往”中存在的诸多问题里，如何建立和谐的同伴关系是摆在我们面前的一个非常重要的问题。根据对6—12岁学生的跟踪调查，结合多年教育一线工作的经验，认为以下几点方法对帮助学生建立和谐的同伴关系有很好的促进作用。

（一）学会交往

人生活在社会群体当中，“交往”是必不可少的，如“礼尚往来”“唇齿相依”等，上至国家友邦、下到邻里之间，交往都是生活中必须经历的内容，是生活的一种常态化状态。对于学生来说，交往是传递情感，是建立与外界联系，尤其是同伴之间关系的重要途径。怎样构建和谐的同伴关系呢？其实我们从中国传统文化中就能找到相关的答案。

1. 与朋友交，言而有信

中国传统文化特别强调朋友相交的诚信文化。所谓“与朋友交，言而有信”，《论语·学而》曰：“子夏曰：贤贤易色；事父母，能竭其力；事君，能致其身；与朋友交，言而有信。虽曰未学，吾必谓之学矣。”朋友之间的诚与信是学会交往的重要一课，因此，我们在平时的班级管理和德育教育中，都要重视对学生进行诚实、守信的教育。

2. 己所不欲，勿施于人

小学阶段的儿童，他们的认知能力伴随着年龄的不断增长也在改变，尤其是在和小伙伴交流的过程中，学会换位思考、学会共情也是同伴关系建立必须经历的一个过程。《论语》有云“己所不欲，勿施于人”，要“推己及人，成人达己”。这些理念的提出，就是在提醒人们要学会换位思考，学会站在对方的角度去考虑问题，只有这样，才能真正“成人”。

拾起的是“尊重”

小华同学是学校的值勤队员，有一次他向我讲述了这样一件事：某天他在值勤的时候，有位中年级的学生往地上扔纸，他走向前去制止。但那位同学说：“你凭什么管我？你能保证自己不扔垃圾吗？你班同学就没有乱扔的情况吗？先管好自己再管别人吧！”小华同学听完这些话非常生气。但冷静下来仔细想了想，觉得与其和他去争论，不如用实践行动去证明。于是，他说干就干，首先自己以身作则，每次看到地上有废纸都会弯腰捡起。还在班级内发出倡议，让同学们和他一起行动起来，保护好校园的环境。慢慢地，在他们的带动下，更多的同学加入到这样的行动中来，校园的废纸越来越少，但自觉维护校园的“小义工”们却越来越多。

那位当初反驳小华的同学后来有一次对他说：“你是好样的！你班同学也是好样的！”

虽然这事过去很久了，但给小华同学留下的印象却是深刻的，他对我说：“老师，经历这一次，我最大的感受是事实胜于雄辩。用行动证明自己才是最有说服力的。”

听完小华同学讲述的这个故事，作为老师内心也是不平静的。首先，对小华和他的同学们的做法给予肯定，他们做得非常好，用实际行动践行了“新时代好少年”的榜样行为。另外，在这件事上，他们用自己的坚持证明了“精神价值”的存在，他们弯腰捡起的不仅仅是一张“废纸”，还是自己内心对高尚价值的认同。

3. 爱人者人恒爱之

“爱人者，人恒爱之；敬人者，人恒敬之”出自《孟子·离娄下》，指爱别人的人，别人也永远爱他；尊敬别人的人，别人也永远尊敬他。我们教育学生要相互团结友爱，要心中有他人。这种美好的情感会净化学生的心灵，让他们从小拥有“爱”的能力和“被爱”的机会。

(二)学会关心

内尔·诺丁斯(Nel Noddings)的关心理论给予我们很多对学生情感交流的启示。“学会关心”是一种能力，更是内心成长的表现。

以下是来自不同年级学生的一次主题研讨会，围绕“关心”这个话题开展讨论，讲述他们心中对“关心”的认识，同时也可看到“学会关心”对学生的重要性。

“学会关心”是一种成长

“学会关心”是能力，更是成长的表现。今天的学生，生活在幸福里，成长在“蜜罐”中，他们对“关心”与“被关心”的感知能力较弱。我们说“立德树人”，从根本上我们认可和追求的是培养具有健全人格的“人”。因此，学校把“学会关心”作为学校德育工作的核心内容。对此，学校开设了以“关心”为核心的德育课程体系研讨，以“什么是关心”“怎样学会关心”为核心话题，邀请低、中、高不同年级的老师和同学一起参与了“学会关心是一种成长”的微主题讨论。

话题一：什么是“关心”？

主持人1：什么是“关心”？这是一个很值得探讨的话题。

主持人2：那同学们是怎样理解“关心”的呢？

亮如(6.4班)：我认为关心是人与人产生的一种微妙的关系，是朋友之间的安慰与关注，是家人之间的无微不至。就像那一次，我的同学没有考好，正当她小声哭泣的时候，我想到她平时经常帮助我，便走过去安慰她，我觉得这就是一种关心。

馨馨(2.1班)：有一次我和我的好朋友一起出去玩，玩了整整一天。回来的路上我累极了，睡梦中不小心靠在了她的肩膀上，尽管她也很累，但她没有叫醒我，一直坚持到家。通过这件事我感到很温暖，我的好朋友是个懂得关心他人的人。

曼琪(6.4班)：我认为的关心有很多种诠释，比如，在学校，同学有困难，要伸手帮助；作为班级成员，要关注班级荣誉；在家里，学会关爱家人，多一句问候，多帮家人做一些力所能及的事情……这些都是“关心”

主持人1：感谢几位同学的发言，大家都能结合自己的生活谈对“关心”的理解，非常好。那怎样才能学会关心呢？就这个话题我们可以再进行一下讨论。

话题二：怎样“学会关心”

主持人2：经历上一轮的讨论，同学们对“关心”都有了理解和感知，接下来，大家更关注的是怎样“学会关心”。结合本学期学校德育活动的月主题——寻找榜样、学会沟通、学会合作、学会欣赏，大家说说你是怎样“学会关心”的？

1.“寻找榜样”篇

筱苒(5.4班)：我认为，学会关心，首先要和同学们建立很好的关系，只有大家的关系融洽了，“关心”才会产生。从班级的角度来说，建立这种相互关心的关系，榜样的作用是非常重要的，因为他(她)感受到班级的正能量，就像“光”，我们看到了光，愿意靠近光，希望自己成为光。只有这样，同学们才会有班级的归属感，我们愿意在这个大家庭里，相互关心，共同成长。其实这样的榜样有很多，比如学习的榜样，比如爱护卫生的榜样，又比如积极帮助他人的榜样，不管是哪一种榜样都值得我们好好学习，他不仅代表了个人的素质和修养，更代表了他对学校、对班级、对老师、对同学的关心和热爱，他们用实际行动诠释了对榜样的定义，同时他们也成为榜样的传递者，带动大家更加热爱学校、热爱班级、热爱老师、热爱同学。

主持人1：感谢筱苒同学的精彩发言。那怎样“学会沟通”，谁想来发表一下自己的看法？

2.“学会沟通”篇

晓哲(3.1班)：之前我不会和小朋友沟通，经常会因为一些小误会影响了我们之间的友情。后来爸爸妈妈和老师都在教给我沟通的方法，慢慢地，我学会了和同学的沟通：如果看到同学遇到问题情绪很激动，我在关心帮助他的时候会先安抚他，然后等他情绪平稳的时候，我会仔细地问他发生了什么事，然后尽可能地帮他多出出主意，帮他解决这个问题。所以，我学会的沟通方法是：先学会安慰，再学会倾听，还有就是真诚地帮同学想办法解决问题。

主持人2：谢谢晓哲同学的分享，学会沟通真的太重要了，这是我们“学会关心”的重要一步。

1.“学会合作”篇

主持人1：是的，学会关心不仅要沟通，还要学会合作，就这个话题哪位同学来发表一下观点？

曼琪(6.4班)：俗话说“团结就是力量”，一个人力量是有限的，我们想为班级、学校做更大的贡献，就要学会合作，这也是“学会关心”的一种能力。

君茹(2.1班)：曼琪姐姐说得很对，在班级里大家要相互合作，相互关心。记得有一次，我们学校举办运动会，我的好朋友参加了一个丢沙包的项目。当丢沙包开始时，她很想准确无误地把沙包扔到篮筐里，但是重心不稳摔倒了．她哇哇地大哭了起来，我和同学们还有老师纷纷过去安慰她说：“你没事儿吧？需要休息一下吗?”她看到老师同学们的关心，擦了擦眼泪说：“谢谢大家，我没事，我还可以坚持下去．”看到她勇敢地站了起来，老师和同学一起为她加油，最后我们取得了优异的成绩。这件事让我知道了，一个班级就是一个大家庭，我们只有互相关心，互相鼓励，我们的班级才会越来越好。

2.“学会欣赏”篇

亮如(6.4班)：刚才几位同学都说得非常好，我也想表达一下自己的想法：我认为，关心最重要的就是要学会欣赏别人。欣赏别人有两个过程：一是我们要有一双善于发现别人优点的眼睛，能够看到别人的长处；二是我们需要学会取长补短，共同进步。比如我的一位同学，虽然成绩不是很好，但是她在生活中很善良，善于交友，乐于助人，还会向别人虚心请教，同学们都很喜欢她。其实，生活中我们每个人的身上都有优点与缺点，我们要善于观察发现，学会欣赏。

话题聚焦：“学会关心”是一种成长

主持人2：谢谢亮如同学的发言。刚才我们就“什么是关心”和“如何学会关心”进行了讨论，哪位同学能总结一下？

子寓(6.4班)：我来说，我认为：关心别人是一件令人温暖的事情，也是一种成长的体现。因为我们在学会了关心别人后思考问题的角度会更全面一些，会多为别人考虑一些。其实仔细想想，关心就在我们的身边。比如，生病时的一句问候，遇到困难时的一句鼓励。这些温暖的话语都是关心的一种体现。

在日常生活中，我们经常把人与人之间的关心仅看成是一种美德、一种行为的方式。然而透过诺丁斯的理论，我们感受到关心是一种“全身心投入”的状态，是在精神上对某事或某人抱有某种责任感和牵挂感。可以说，关心是一种品质，更是一种相互的关系[①]，关心者和被关心者的关系是在不同的情景下随时发生改变的。通过交流与讨论，学生对“关心”又有了新的认识，正像有的学生说的那样：学会关心其实真的很容易，从一句温暖的话语开始、从伸出你友爱的双手开始、从主动为身边的亲人和小伙伴解决困难开始、从尊敬每一个关心我们的人开始，让我们一起努力，学会关心，让爱传递。

---

① 参见郝芬：《诺丁斯“学会关心”理论对教育的启示》，《中小学心理健康教育》2011年第11期。

（三）陪伴与引领

同伴之间的相互陪伴是促进情感交流，学会交往，构建关心型同伴关系的前提和基础。

因为有了陪伴，同伴之间才会有相互的学习、相互的引领，才会让“最近发展区”真正的发生。

大量实例证明，学生在现有水平的基础上，要实现“可能的发展水平”，需要几个重要的条件：(1)在集体活动中；(2)需要有比自己能力强、足够可以帮助其成长的人，比如家长、老师，也包括学长和同伴的引领；(3)通过模仿。

鉴于以上条件，我们不难发现，同伴之间如果出现“高质量”的陪伴与引领，也会促进“最近发展区”的发生和完成。关键是如何引导，让同伴之间的“陪伴”有内容、有质量。只有构建优秀的“陪伴”关系，才可能让同伴间的“引领”发生。

享受读书的快乐

“如何让孩子在读书中感受到快乐？”这是老师和家长一直在探索的话题。在科学技术日新月异的今天，电子产品花样繁多，游戏和网络空间吸引着学生的注意力，消耗了大量的时间。可在学生成长的黄金时间段，这种时间的消耗真的是一种浪费，只有大量有价值的阅读才是对学生成长最有意义的。但是，很多时候，这种感觉上的最有益，却只是我们做师长的一厢情愿，学生的读书是被动的，这一现象的存在令人焦虑。为了解决这一问题，我在平时的学校教学活动中，注重开展丰富多彩的活动调动学生的读书兴趣，收到了一定的效果。可是如何更好地把这种被动变为主动，让学生真正感受到读书是一种快乐呢？适逢寒假到来，我想借用假期的时间让学生做一些有益的尝试，引导学生去更好地爱上阅读、享受假期的读书生活。

假期里，我参加了由几位女生组织的“午后读书交流活动”，亲身感受到了她们走出校门是用一种怎样的方式去读书和交流的，令我至今印象深刻。

在那个暖洋洋的午后，在孩子们精心准备的小书房里，他们把自己心爱的书籍拿出来和好朋友们一起分享，度过了一个难忘的下午。在活动的过程中，碰撞出许多精彩的火花。例如，在读《大草原上的小木屋》时，我和孩子们一起朗读，分享读书经验，边读边交流读书的感受。伴着午后暖暖的阳光，满屋都有书香的味道。大家发现，平时看书和现在读给大家听的感受是不同的，正如一个孩子所说：“我喜欢这种交流，感觉自己很有成就感：不仅读懂了这本书，感受到了主人公对生活的热爱，最重要的是我学会了分享，把我的内心所想和朋友们交流，同时也能分享别人的感受，这是一件非常快乐的事情。这种感受是我之前在其他游戏活动中没有体会到的。这是我度过的最难忘的一个下午，从这一刻起，我仿佛理解了老师以前经常说的'书籍是非常有魅力的，她给予我们的不仅仅是知识，还有许多无以言表的快乐'。我真的爱上读书了，相信读书也会成为我生活的一部分。"

从孩子的语言中我们感受到她内心的快乐，这种交流，其实是很好地推动他们阅读的一种催化剂。每一个人都有表达自己内心情感的渴望，尤其是对新知识获取后的那份欣喜，更是愿意与好朋友进行交流，希望得到大家的认可和鼓励。这是一种美好情感的表达，在阅读中发现美、感受美，在交流中传播美、升华美。正如朱光潜先生所说的："慢慢走，欣赏啊！"在读书的路上且行且思且欣赏，这对于学生世界观、人生观、价值观的养成是多么重要啊！

在活动参与的过程中，每一个人的收获都是非常大的！这些收获与成长也是建立在同伴之间相互学习、相互引领之上的。这个过程其实就是学生在集体中相互模仿，共同提高的过程。

通过同伴间的交流与分享，让学生爱上读书，这本身的意义大过形式本身。如果能让学生真正把读书作为"生活的一部分"，学生会觉得这是一种美好的精神享受！在书的海洋遨游，感受知识的无穷魅力，能表达自己的感受，交流对美好事物的认识。这是一种阳光的、充满正能量的情感体验。相信这次的"午后读书活动"能成为一粒种子，播撒到每一位孩子的心田，让更多的孩子爱上阅读，享受"午后读书的快乐"！

（四）学会相互成就

同伴之间是可以相互成就的。在相互的交往中，同伴之间建立了情感的联结；学会关心，让同伴之间有了更多的陪伴，在集体活动中产生了同伴间的正向引领；随着不断成长，建立在同伴之间的情感交流和学习中"最近发展区"的诞生，不仅在知识层面让双方有了进步，更提高了他们的成长自信。在这个过程中，同伴之间就实现了相互的成就。

在同伴关系中不仅包括同年龄段的小伙伴之间的相互交流，也包括同辈之间的相互交流，比如学哥学姐，他们是年长一点的同伴，有着属于他们自己的经历和文化的积累。在与学弟学妹们的交流中，他们可以更好地发挥传帮带的作用，尤其是同一位班主任所带过的学生，有同门之谊，其相互交流就有了班级文化的同源传承，更促成了相互之间的成就。

相约寒假，学哥学姐和我们一起畅谈毕业季

寒假生活对于很多同学们来说都是非常难忘的，特别是阳光中队的同学们，他们期待寒假，不仅仅因为可以放假休息，迎接春节的到来，还因为他们和学哥学姐们有个约定，说好寒假他们要再一次相聚，共话感兴趣的话题，为了这一天，他们已经期待了整整一年。

一、话起去年时

在前一年的寒假，阳光中队的同学们和学哥学姐们如约相聚，尽管第一次见面，但并不陌生，因为他们都是一位班主任老师的学生。通过老师那里他们早已经相识，而且读过彼此的文章。所以，这次见面都有“似曾相识”的感觉。在这群哥哥姐姐中，最大的已经读研究生了，最小的也已经上了初中。这次交流的主题是“爱上绘本作文，不再为写作畏难”，活动开展得很成功。“绘本作文”教学是他们共同学习的特色课程，是班主任老师的经典班本课程。但是由学哥学姐们来介绍这个内容，学弟学弟们都感到非常新鲜：原来，这些哥哥姐姐们也学过“绘本作文”，原来，这些优秀的学哥学姐们的文章小时候就写得这么好……从学哥学姐们精彩的介绍中，同学们收获了好多，他们在校园留下合影，相约明年寒假还要再聚。

二、相约毕业季

期待中的寒假终于到来，孩子们又如约来到校园。这次他们想听听哥哥姐姐们是如何走过毕业季，因为这一年他们已经六年级了，还有半年即将毕业，这对于他们来说是很重要的一次学业经历。因此，一年之前就预约好，希望哥哥姐姐们能把自己的宝贵经验传授给他们。

三、真诚话分享

在交流的过程中，同学们畅所欲言，提出心中的困惑和疑虑：初中生活到底是什么样的？会学哪些课程？有哪些和小学不一样？初中的老师是怎样教课的？在一个陌生的环境里，我能很快地适应吗？……学哥学姐们认真地倾听，结合自己的经验和体会，给学弟学妹们答疑解惑，场面既真诚热烈，又亲切温暖。

面对学弟学妹们的困惑，已经读高中的亚宁姐姐这样说：“初中与小学最大的区别在于，初中具有更强的自主性。从老师方面来讲，初中老师的管理比较开放，没有小学老师管得这么细，这就对大家提出了更高的要求。初入中学难免会有一些不适应，初中的知识相对于小学更深了一个层次，学习生活可能会变得更辛苦。但是我认为更重要的是，对于大家来说，初中是一个结交新朋友的地方。”

对于如何适应初中生活，已经读初二的小锋哥哥用生动的课件、诙谐的语言和学弟学妹们开心地交流，特别提到学习习惯的养成，和大家分享了自己的

心得体会:“记笔记是一个非常好的学习习惯,有助于抓住老师所讲的重点,在日后复习的时候更方便查阅。上课时,老师所讲的重点一定要随听随记。回家后,再用工整的字迹誊抄一遍,并用不同颜色的笔标示出重点与难点,一目了然。”

这些内容对于还在小学读书的学弟学妹们来说是新鲜有趣的,他们认真地听着,用心地做着记录。除此之外,同样读初二的铖龙哥哥、永鑫哥哥还就“怎样合理安排时间”“如何正确对待老师的批评”“学会吃苦,学会坚持”“当下我们该做哪些准备”等话题阐述了自己的理解,让同学们收获颇多。

活动之后,蓁蓁同学写下这样一段心得:这次的“交流会”,我最大的收获来自哥哥姐姐们的经验讲解。如语文阅读常考提炼中心思想、赏析句子、品词,赏析句子时,答题就要按格式答题;而数学则主要是记公式、拓展题型和多做多练;最后英语就多练单词、多听、多说……除此之外,哥哥姐姐们还告诉我们要学会放松、学会做计划,平时在学校认真听讲,老师布置作业学校写完,回家就可以拓展知识了。最重要的是要学会记笔记……而且笔记的字要认真,太潦草就会看不懂,或者也可以课下乘记忆还在时整理一下笔记。真心谢谢哥哥姐姐们给我们传授经验!面对毕业季我会更加努力的!

同伴之间的相互鼓励和相互学习可以给予学生更贴心的帮助,从学生之间的交流中,可以感受到他们的真诚,这种经验的分享是非常宝贵的。学哥学姐们不仅为他们传授了自己学习历程中的收获,还为学弟学妹们即将迎来的毕业季树立了自信。一位学弟的爸爸这样写道:“孩子在寒假交流会回来后,给我滔滔不绝地讲述他的感受。看到他那份自信和阳光,我们做家长的感到了十分安心。在优秀的老师和可爱的同学陪伴下,在充满阳光正能量的学哥学姐们的关心帮助下,孩子从昔日顽皮、懵懂的孩子,如今已成长为自信、勇敢、友爱、进取的少年。即将开始新的航程,祝福你们都能取得优异的成绩!学习更上一层楼!谢谢老师的辛勤付出!感恩有您!”

当然,成就也是相互的,给学弟学妹们带来满满正能量的哥哥姐姐们,他们同样也收获了很多,如一位家长说:通过这次活动,作为家长,我们感觉从两个方面对孩子学习、成长起到了促进作用。(1)通过授课交流的方式,向学弟学妹们介绍小升初后的各种变化,使孩子在公众场合的演讲能力、口头表达能力得到了锻炼,是一个很有意义的实践活动。(2)通过课件的准备,孩子从另外一个角度,审视了自己在进入初中阶段后所面对的新环境和学习状态。之前都是家长在后面追着,要求他们要做这做那,他们大多都是被动地接受或执行,效果不是很理想。但是通过这种方式,让他们也能够感受到,这种督促不应该是外部的,而是自身就有这样的需求，使他们能够在今后的学习生活中，能够主动地考虑自己应该做什么，做什么才是正确的。

学哥学姐把对老师的情感转化为对学弟学妹的爱护和帮助；学弟学妹们对学哥和学姐真诚的钦佩，效仿和学习，相互之间传递着阳光温暖的正能量。就在这次活动之后，有一位家长写了这样一段留言：难怪孩子们这么喜欢他们的老师，因为在老师心中，她的学生都是宝石，她随时能看到孩子的闪光点。的确，每一个学生在老师心中都是最美的宝石。

和谐的班级管理，符合学生身心发展的特点，使受教育者获得持续发展，实现自我信心和能力的提升。和谐的师生关系、生生关系，心意相通，情感相融，能够让学生自由愉悦地发展，给学生一个宣泄和释放情感的机会，引导学生陶冶情操，提升情感，使他们成为富有智慧、身体健康、和谐发展的人。

第三章　班级文化层次的晋级

追求班级文化的“和合之美”，将中华优秀传统文化融入班级文化建设中，既是时代的需要，也是当前教育界又一个热点的研究课题，因而将中华优秀传统文化融入班级文化建设具有十分重要的现实意义。站在德育美学的角度，班级文化的“和合之美”对于学生的内心成长有着潜移默化的作用。本章我们介绍“班级文化层次的晋级成长”。首先，需要厘清班级文化层次包括哪些，每一个层次具备什么样的特点，不同的层次对于班级文化建设的促进都有哪些，班级文化层次的晋级会经历哪些过程……这些内容都是我们在本章中所要介绍和阐述的。

从班级文化建设的关键因素我们不难看到，班级文化的发展受到不同的物质、精神和行为等的影响。班级文化在构建形成过程中都经历了怎样的过程呢？下面我们就从班级文化形成的不同阶段讲起，共同探讨班级文化层次的晋级过程。

第一节　班级文化的不同层次

班级文化是作为社会群体的班级所有或部分成员共有的信念、价值观、态度的复合体，班级成员的言行倾向、班级人际环境、班级风气等为其主体标识，班级的墙报、活动角及教室内外环境布置等则为其物化反映。概括地说，班级文化可分为显性文化和隐性文化。显性文化是一种“硬文化”，是可以摸得着、看得见的环境文化；而隐性文化则是一种“软文化”，包括制度文化、观念文化和行为文化等。随着班级文化建设的不断推进，我们对于班级文化的认识也在不断改变，其所彰显的整体文化价值越来越明显，将班级文化称为“班级的灵魂”有其现实的意义。

综合来说，班级文化包括班级外层文化（物质）、班级浅层文化（行为）、班级中层文化（制度）、班级深层文化（精神）等，这些要素相互影响、相互制约，构成班级文化的整体。

一、班级外层文化(物质)

班级的外层文化也被称为班级的物质文化,包括班级的"软文化",如班旗、班徽的设计,班级环境的布置,班刊的创办,班级网络平台的搭建,等等。

(一)设计班旗、班歌、班徽

说到班级文化中的物质文化建设,首先令人想到的是班旗、班歌、班徽的设计,它们是班级"软文化"环境建设的起始点。[①] 班旗、班歌、班徽是班级文化内在涵养的外在表现形式。在设计班旗、班歌、班徽时,需要特别注意的一点是,班主任老师应调动全班师生共同参与,体现班级文化建设的群体参与和民主公开性。设计完成后可通过不同场合(如运动会、合唱节等)展示班旗、班歌、班徽,使之能彰显班级的形象。

(二)布置教室内环境

给学生一个可忆的童年,让教室成为可回忆的地方。教室承载着学校教育者教书育人的使命担当,同时也是学生学习和生活的主要场所,更是班主任教育情怀的一种外在体现。教室内环境的布置主要包括哪些内容呢?大致可分为以下几类。

1. 墙壁文化

在一个充满文化的教室里,它的墙壁一定是"会说话"的。墙壁文化包括墙壁的板报和教室内外墙的装饰设计。一个重视班级文化建设的班级,一定会在这些外显的层面上下一番功夫。班级群体价值观的形成是需要榜样的树立和班级审美、评价达成等各个方面在班级层面、师生之间的高度统一的。这种价值观的形成需要一个载体,教室的板报和墙壁就是非常好的选择,直观性和操作性都非常强。在墙壁板报的设计中,可以根据表现内容的需要设计不同的版块,如榜样、班级风采、班级好少年、班级故事大家讲等,可以通过图片、文字等多种形式展示班级文化建设的内容。

2. 后橱文化

后橱文化的特点突出实用性和个性化,所体现的更多是班级文化中的人文关怀和个性彰显。后橱文化一般包括班级的橱窗文化和学生的小橱空间。

班级橱窗一般采用开放式形式,展示的内容多是班级所获得的荣誉,如班级获奖的合影照片、在各级各项比赛和学校活动中获得的奖杯奖牌等。此外,还有

---

① 参见杜秀云:《小议班级文化建设》,《考试周刊》2015 年第 8 期。

学生的手工作品、绘画作品，有班级特色的台历等。这些荣誉、作品是班级文化建设的成效见证，更是让每一位学生引以为豪的“荣耀”。班级展示橱窗的内容可以因时因地做适当的调整，是班级文化的外显展示平台之一。

学生的小橱空间属于学生的个人空间，一般存放的是学生的个人物品。但是，在小橱空间的使用和布置上也能看到班级文化的精致所在。在班级文化的引领之下，学生养成良好的收纳和整理习惯，每一个小橱体现的是学生的自我管理能力。这种能力的形成折射的是班级文化的引领，同时也体现了班级文化的人文情怀基调。

3. 班角文化

在教室文化建设中，“角”文化是有中国特色的班级文化的代表，如“卫生角”“图书角”“种植角”“作品角”等。班级活动的丰富多彩、班级课程的作品呈现、学校教育的“前沿阵地”都能在“角”文化中有所体现，有所落实。例如，“卫生角”让学生明确一个整洁、干净学习环境的重要性，将劳动工具有序地进行摆放；“图书角”让每个学生带自己的书籍与同学分享，定期更换书籍，班级有个小书库，学生之间会彼此进行交流，还告诉孩子们要轻取轻放，爱护书籍；“种植角”让师生共同养护绿色植物，让教室的文化色彩变得丰富，有春的气息，在班级文化建设中起到独特的浸染作用……

（三）创办班刊

班刊的创办对班级特色文化形成有着积极的推动作用。它可以培养学生的合作意识和团队精神，为每一位学生的发展提供个性发展的空间。班刊不仅记录学生的生活，而且成为培养学生综合能力的舞台。因此，班刊作为班级文化的一部分，有着特殊的意义和价值。

班刊，顾名思义就是以班级为单位创办的刊物，记录的是班级中学生学习和生活的故事。班刊植根于学生的日常学习和生活之中，具有鲜明的“草根性”，是班级和学生成长的见证人和记录者。从班刊的创办过程中，我们也看到了班级特色文化的形成过程。

1. 班刊培养学生的合作意识

重视学生的合作学习能力，要求学生养成相互切磋的习惯，鼓励学生在个人钻研的基础上，积极参与讨论及其他学习活动，要善于倾听、吸纳他人的意见，学会宽容和沟通，学会协作和分享。[①] 编辑一期班刊，包括主题的确定，组稿、审稿、编辑、文字录入和排版，封面设计和插图，装订成册等不同的工作，单靠一人之力是无法完成所有的工作的，需要多人分工协作。因此，每到编辑班刊的时候，承担任务

① 参见郝朝良：《培养高中生古典诗词鉴赏能力的教学研究》，西北师范大学硕士学位论文，2014 年。

的学生就根据个人的特长，负责相应的工作，为出版好这一期的刊物而竭尽所能，使学生在共同完成任务的同时，学会与他人交流，学会相互帮助、相互协作，共同克服困难，解决问题，完成任务，从而培养学生的合作意识和团队精神。

2. 班刊促进学生发现最好的自己

把班级还给学生，让班级成为学生成长的家园。促进学生个性的发展，让每个学生都有机会绽放自己的精彩。班刊让每一个学生拥有展示才华的舞台。在一个温暖又有文化的班级里，每一个学生都可以在班级文化建设中发现自己的优点，证明自己的价值。全员参与班刊的制作，可激发学生的参与热情，确立班刊的主导地位，不断扩大班刊的影响，从而使班刊成为班级文化建设的主题名片。

小穆是一个非常帅气的男孩，情商很高，但因为小时候的一些特殊经历，让他在学习方面存在某些障碍，“及格”对他是个很奢侈的要求，不管用了多少方法，他对课本知识的记忆总是一言难尽。孩子自己也很苦恼，在班里也是怯怯的，每次搞活动，他最大的快乐就是为别人鼓掌，以此证明自己是这个班级的一员。

后来班主任发现小穆同学的绘画写实能力非常好，线描小昆虫惟妙惟肖。于是和家长做了一次深入的沟通，建议他们关注孩子的特长，有针对性地进行培养，做一下成长规划，找到适合他成长之路。小穆的家长听取了老师的建议。经过一段时间的专业训练，他的绘画能力有了很大的提升。在班刊创办的时候，小穆申报了美编的职务，工作尽职尽责，班刊中很多优美的插图都出自小穆的手笔。在这个过程中，孩子不再怯怯地躲在别的同学后面，而是勇敢地站到台前。在一次班级演讲活动中，因为班主任老师的力邀，小穆做了一次没有准备的“脱口秀”，介绍了自己做美编的这段经历。言辞恳切、条理清晰、语言流畅。谁能相信这是一个到四年级还不会写作文的孩子呢？

每一个学生的成长就像花朵的开放，可能花期不同，但只要耐心守护，总能看到其绽放的绚丽。在小穆同学的身上，我们看到对一个学生的教育不能仅仅只关注智育，更要站在一个“成人”的角度来培养。也许他无法成为“牛顿”“爱因斯坦”，但也许他会是“梵高”“毕加索”。从这个角度讲，班刊是小穆施展才华的舞台，更为他树立了自信。

班刊的制作“面向人人”，就是让每一个有特长的学生都能人尽其才。喜欢摄影的拍素材，喜欢画画的画插图……其他同学可以帮忙检索资料。在这个过程中，让每个学生都感觉自己很重要，在实践中发现最好的自己。

3. 班刊记录学生的生活

做好班刊，其实并不难，只要教会学生带着一双会发现美的眼睛用心去观察。特别是学校开展的各项活动、班级里的趣闻趣事及班级里发生的重大事件等等，都可以作为班刊的素材。例如学校运动会，赛场上运动员们的奋力拼搏，啦啦队员的热情鼓励……这些都可以记录到班刊里，把美好的生活定格在文字之间。

4. 班刊对学生综合能力的培养

在班刊的创办过程中，积极运用多种方式鼓励学生参与，培养学生发现问题、提出问题、分析问题、解决问题的能力，帮助他们全面提升个人的综合素养和处理问题的能力。

(1)培养学生的合作能力。在班级当中，总有一些学生对班级的活动参与度不够高，究其原因，多数为不够自信或者不知道怎样参与，缺乏交流的经验。针对这一现象，班刊的创办一定是面向全班同学的，而并非只是班级的少数同学为之。同时，也要在班会上明确：全班参与投稿，这是每一位同学的义务和责任，更是大家所享有的权利。

(2)培养学生的统筹管理能力。编辑班刊分诸多过程，其中很重要的一项就是组稿。在这个过程中，学生们不仅要积极投稿，更要参与审稿，在培养学生的过程中，班主任要特别注意以下几个问题：第一，要相信学生的能力，放手让他们去做。第二，注意调控，在原则问题上不要出现大的偏差。第三，特别培养小主编和副主编，多创造机会让孩子们得到锻炼。第四，最后的终审非常重要，在小主编审过之后，班主任要做最后的定稿，循序渐进，慢慢培养能力。

(3)培养小记者的实践能力。第一，教会小记者用相机记录同学们的精彩瞬间。第二，教会小记者学会凝视生活，寻找素材和亮点。良好的班风源于对班级文化建设内涵的挖掘，班刊是一个很好的切入口。通过班刊这个窗口，思接千载，视通万里，着眼现实，放眼未来，形成高雅、生动、形象的班级文化，使学生在潜移默化中受到熏陶与感染。浸润于这样的文化氛围中，学生的心智才能得到健康的成长。

(4)班级的网络平台搭建。随着信息化时代的高速发展，班级文化的建设也有了更多可承载的平台，如班级空间、班级微信公众号等。这些网络平台的搭建为师生提供了展示能力与才华的舞台，为更好地培养学生的综合能力全面发展，促进师生、家校之间的交流和沟通提供了有利的条件。

目前，班级空间有很多种形式，如“班级人人通”空间，它是地域班级线上空间的代名词。其所代表的是具有地域特色的班级文化虚拟空间。随着信息技术日新月异，“班级人人通”已经可以实现班级和学生个人空间、家长空间的相互打通。这为实现班主任老师、学生和家长之间的更好沟通提供了机会，也让更多的学生得以彰显个性，展示其内在的才华，分享成长的喜怒哀乐。

班级微信公众号的开发是信息技术在班级文化建设层面的一种深度发展，它是班级虚拟空间的一种升级表现。其特点是更便捷、功能更强大、受众人群也更广。班级微信公众号的开发包括以下几种形式：微信网页制作，公众号直播（视频加入，公众号平台推送），视频号发布（以视频的形式在微信中推送，功能强大，便捷且覆盖面广）。

随着网络技术的不断更新，未来可能还会有更多新资源加入，为优秀班级文化的传播提供技术支持。

二、班级浅层文化（行为）

在某种意义上说，班级的行为文化是在学习、生活、文体活动、社会实践中产生的文化现象，是班风、班级面貌和班级人际关系等的动态体现。现就某校二年级学生的行为习惯养成方面提出的建议和实施方案来分析班级行为文化的内容和特点。

学生行为习惯指导建议

1. 上学前穿好干净整洁的校服，佩戴干净整齐的红领巾、小黄帽。按时到校，不迟到。

2. 入校后自动成行，有序前行，见到老师主动问好。进入教室，快速整理好书本，自觉安静读书。

3. 每节课前做好课前准备，安静等待老师。

4. 上课时认真听讲，发言先举手，声音要洪亮。

5. 写字时姿势正确，写字工整美观。

6. 课间离开座位时主动摆好桌椅，文明活动。接水如厕守秩序，便后及时冲水，不往厕所水盆中乱丢垃圾。

7. 放学时快速有序整理书包、课桌、小橱。学会主动预习。

8. 爱护学校环境，能独立打扫教室卫生，并能主动捡拾纸屑。

9. 路队行走时安静有序，队列整齐，走路有精神。

10. 升国旗时肃立站好，保持安静，眼睛注视国旗，行少先队队礼，唱国歌声音洪亮，国旗下讲话时认真倾听。

11. 参加集体活动听指挥，保持安静，离场时场地要恢复原样。

12. 遵守交通规则，放学按时回家，不在校外逗留，熟记家长电话，家长没来接时主动告知老师。

13. 在家学会整理自己的衣服、床铺，学会系红领巾、系鞋带、梳头发，主动帮助父母做一些力所能及的事情。

制定学生的行为指导内容不难，难的是要符合学生的认知发展规律，对学生的习惯养成要有切实的指导价值。因此，行为指导内容的设计前提是对本年级学生的调研分析，总结本年级学生现阶段在认知发展方面的重点，需要及时指导和帮助的方面，从而根据调研分析的情况进行讨论研究（本年级班主任、任课老师、家委会代表参加），最终制订适合且适用的行为文化指导方案。

“好习惯我能行”培养实施方案（低年级）

一、指导思想

以陶行知先生“知行合一”教育思想和“根植生活，心心相印”的理念为引领，以做适合学生发展的生活教育为目标，围绕“知礼守信、仁爱自立、乐学善思、尚美健体、笃行致远”的育人目标，形成凸显我校行知文化和德育特色的“生活课程”，使学生学会生活，学会学习，为低年级养成良好学习生活习惯打下坚实的基础。

二、课程目标

1. 尊敬老师，团结同学，热爱学校，热爱学习，与身边的人友好相处。

2. 通过生活教育课堂、校园礼仪、主题班队会等，能够在每日的学校生活中讲文明，懂礼貌，守信用，明道理，养成良好的文明习惯。

3. 通过系统的常规训练，使学生明确行为的规范性和重要性，养成良好的学习、生活行为习惯。

4. 学会预习，会自主学习，养成良好的学习习惯，为今后的学习打下坚实的基础。

三、课程内容

学会学习			学会生活	
时间	学习内容及目标			
九月	常规训练	1. 早上中午进班能安静读书 2. 放学前快速整理学习用品，站队快静齐，路队精神饱满，摆臂有力，队列整齐 3. 做好课前准备，安静有序等待老师	尊敬师长团结同学	1. 见到师长主动问好 2. 与同学和睦相处，乐于帮助同学
十月	整本书阅读	根据“快乐读书吧”选定书目，营造集体读书的氛围，养成自觉读书的习惯，学习阅读方法	我爱阅读	1. 常去书店、图书馆，自觉阅读课外书 2. 开展“制作树叶书签”的活动，激发阅读兴趣，养成热爱读书的习惯

续表

学会学习			学会生活	
时间	学习内容及目标			
十一月	我是书写小达人	1. 书写工整美观，姿势正确 2. 通过常规展示、书法比赛等活动形式，能写一手工整美观的铅笔字，养成良好的书写习惯	我是生活小能手	1. 开展“整理书包、整理后橱”等活动，能按要求快速有序地整理，养成不拖拉、有条理的行为习惯 2. 能自己整理床铺，学会自己系鞋带、梳头发
十二月	经典诵读	1. 每日坚持早读时大声诵读成语接龙，积累成语知识 2. 开展“成语接龙”大赛，巩固积累成语，并学习在生活中积极运用成语	我是父母小帮手	主动帮助父母做一些力所能及的家务活，比如洗碗、擦桌子、扫地等
三月	我是常规小标兵	开展“雏鹰争章，我是常规小标兵”活动，通过路队、间操、常规课等方面的常规评比，夯实学生的路队和课堂常规的行为习惯	我爱劳动	1. 主动参与班级大扫除，各负其责，自觉整理桌椅，学会打扫教室 2. 保持小橱、课桌干净整洁，有序摆放学习物品
四月	阅读整本书，插上想象的翅膀	1. 运用多种阅读方法进行整本书阅读，养成阅读习惯 2. 开展“讲故事、编故事、演故事”比赛，检验阅读效果，增强阅读能力	安全记心间	1. 上放学路上遵守交通规则，不在校外逗留嬉戏 2. 出门告知父母，不与陌生人随意交谈
五月	我运动我快乐	1. 学会跳短绳，开展“一分钟跳绳”比赛，完成素质达标测评，养成热爱运动的好习惯 2. 广播操动作标准规范，开展广播操比赛，进一步规范学生的广播操动作	学会感恩	1. 开展以“学会感恩”为主题的班队会 2. 能主动与父母老师交流谈心，学会体谅别人 3. 开展“给父母画像”的实践活动，深刻体会父母对自己的爱，学习回馈父母之恩，培养从小有一颗感恩的心

续表

<table>
<tr><td colspan="3">学会学习</td><td colspan="2">学会生活</td></tr>
<tr><td>时间</td><td colspan="4">学习内容及目标</td></tr>
<tr><td>六月</td><td>争做学习小标兵</td><td>1. 按时完成练习，自觉复习，自主预习
2. 通过“争做学习小标兵”等形式，评选读书小标兵、作业小标兵、书写小标兵、背诵小标兵、口算小标兵。激发学习热情和自觉主动学习的习惯</td><td>与同学友好相处</td><td>1. 开展“我身边的好同学”为主题的班队会，让学生讲一讲同学们帮助自己的故事
2. 开展“寻找身边的好榜样”活动，学习同学们身上的优秀品质</td></tr>
</table>

“好习惯我能行”习惯养成量化评价表

<table>
<tr><td colspan="2"></td><td>日常行为规范</td><td>自我评价</td><td>家长评价</td></tr>
<tr><td rowspan="8">学校</td><td rowspan="3">学习方面</td><td>1. 自觉做好课前准备，上课认真听讲，主动回答问题，发言声音响亮，学会认真倾听</td><td>☆☆☆</td><td>☆☆☆</td></tr>
<tr><td>2. 书写干净整洁，养成主动记作业和独立检查作业的习惯</td><td>☆☆☆</td><td>☆☆☆</td></tr>
<tr><td>3. 进班后安静自觉阅读课外书，不打扰别人</td><td>☆☆☆</td><td>☆☆☆</td></tr>
<tr><td rowspan="5">生活方面</td><td>1. 爱惜尊重红领巾，正确佩戴并保持洁净，爱护尊重国旗，升国旗肃立站好，脱帽行队礼</td><td>☆☆☆</td><td>☆☆☆</td></tr>
<tr><td>2. 上放学自觉排队，安静成行，精神饱满</td><td>☆☆☆</td><td>☆☆☆</td></tr>
<tr><td>3. 校园里自觉使用文明用语，注重礼仪规范，自觉维护校园卫生，不乱丢垃圾纸屑</td><td>☆☆☆</td><td>☆☆☆</td></tr>
<tr><td>4. 课间文明如厕，遵守秩序</td><td>☆☆☆</td><td>☆☆☆</td></tr>
<tr><td>5. 快速有序整理好自己的课桌、小橱和书包</td><td>☆☆☆</td><td>☆☆☆</td></tr>
</table>

续表

		日常行为规范	自我评价	家长评价
家庭	学习方面	1. 回家后能自觉完成作业,书写认真工整,姿势正确,学会主动预习和自主复习	☆☆☆	☆☆☆
		2. 主动阅读课外书	☆☆☆	☆☆☆
		3. 每天晚上自觉独立整理书包	☆☆☆	☆☆☆
	生活方面	1. 按时作息,不挑食,自己整理床铺	☆☆☆	☆☆☆
		2. 提高自理能力,自己系鞋带、梳头发,注重个人卫生	☆☆☆	☆☆☆
		3. 尊敬长辈,主动帮助家长做力所能及的事情	☆☆☆	☆☆☆
		4. 学会分享,懂得感恩,尊重关心他人		
备注:☆合格　☆☆良好　☆☆☆优秀				
家长的话				

在前期“行为指导建议”的基础之上,制定“好习惯我能行”培养实施方案,将目标和内容更加具象化。根据年级学生的认知特点,从“学会学习”和“学会生活”两个不同的维度,结合每月主题设计不同的内容,循序渐进,把目标落地,有效开展对学生的习惯养成教育。

本系列班级行为文化的指导内容聚焦于小学二年级,从行为习惯养成的指导建议到“好习惯我能行”的实施方案、量化评价等内容,成体系、分步骤,对班级行为文化的构建提出了指导意见,完善了实施路径。在量化评价部分,从学校和家庭两个层面进行,注重学生的自我评价和家长评价,让学生在自我认知、自我约束等方面都能有不同程度的提高。同时,也在家校协同育人等方面提供了交流的平台和发展的空间。

三、班级中层文化(制度)

班级的中层文化建设主要是通过直接的制度约束来实现的,它主要体现在观念意识、行为准则等的育人效应中。班级制度文化开发的程度直接关系班级能否真正做到规章合理、纪律严明、运行有序,它既是班集体奋斗目标达成与各项活动有效开展的保证，又是规范约束全班同学行为习惯的主要教育手段。①

(一)以班级公约为指导落实各项管理制度

班级公约是班级工作中经常使用的一种制度管理方式，也是班级建设中最为完整的班级章程，从“品德素养”到“待人接物”，从“习惯养成”到“家教礼仪”……班级公约在制定中会与学生一起讨论研究，还会邀请家长一起参与，听取他们的建议，力求让班级公约接地气又相对完整、全面。

为了帮助学生实现将班级制度文化从强制约束向自觉遵守的转化，笔者根据学生的心理特点，借助班会、班刊、班级公众号等形式，积极地进行宣传，同时开展丰富多彩的活动，加以正确引导，以帮助学生养成自觉遵守日常行为规范的良好习惯。面对丰富的班级制度文化，学生学习吸收内化，本身就是一个教育过程。班级制度文化的建设，不仅为学生提供了一个制度化的法制环境，还为学生提供了评定品格和行为的尺度，从而使每一个学生时时都在一定的准则规范下自觉地约束自己的言行②，朝着一个理想设定的目标去努力，从而实现对其培养。

阳光中队公约

1. 与大人交流，要有礼貌。
2. 与人互动，要看着对方的眼睛。
3. 小伙伴有进步，要为他点赞，及时送上鼓励的掌声。
4. 尊重别人的发言，不擅自打断。
5. 打喷嚏、咳嗽都要用手挡一下。
6. 举止文明：不出怪声音，不说脏话，不做不文明的动作。
7. 别人送你任何东西，都要说谢谢；接到奖品和礼物，不可以嫌弃。
8. 全班一起读课文时，要坐端正，眼睛看书本，声音洪亮。
9. 以完整的句子回答所有的问题。
10. 每天都要按时独立完成作业。
11. 课前准备，动作要快、要安静，要守秩序。
12. 做什么事都要有条理。

---

① 参见钱军：《共建班级文化，创设育人氛围》，《文教资料》2012年第2期。

② 参见朱跃峰：《自主管理在五年制高职班级文化建设中的运用》，《中学课程辅导·教师教育》2016年第5期。

13. 课堂发言要举手，得到允许起立回答。
14. 见到每个老师，都要主动问好。
15. 同学受批评的时候，不要看着他。
16. 用餐要讲究礼仪，长辈不动筷子前不能先吃。
17. 吃完饭，凳子归位。自己的垃圾自己处理。
18. 接受别人的帮忙要说“谢谢”。
19. 认识新朋友，要记住对方的名字。
20. 进门时，如果后面有人，请帮他扶住门。
21. 参加校外研学时，无论到哪一个公共场所，都要安安静静。
22. 全校师生集会的时候，站姿规范，不乱讲话。
23. 列队行进时不说话，不插队，挺胸抬头有精神。
24. 不带玩具和零食到学校。
25. 学会沟通，遇到困难要主动和老师说。
26. 在能力范围内，做最好的自己。

班级公约的制定需要经历一个过程，如某校“阳光中队公约”的制定，就经历了以下过程：

(1)班内调研，和学生、任课老师、家长代表一起讨论商议适合本班学生的公约内容。

(2)由学生拟定初稿，班内解读、讨论。

(3)邀请家长一起修改。

(4)班主任和学生再讨论，形成适合本班学生现阶段发展需要的班级公约。

(二)确立班级小干部选拔和管理制度

如果把班级比作一个社会，那么学生在班级内的生活与经历就是为其将来走向社会在做准备。因此，对于学生的培养应该是积极的、全方位的。

小干部作为班级管理的参与者，承担工作和责任的同时也会得到了更多的锻炼。这种锻炼包括：组织活动的能力、统筹协调的能力、解决问题的能力、总结提炼的能力、人际交往的能力。

在小干部培养的过程中，遵循让更多的学生得到更多锻炼的原则，制定相关的小干部培养制度。

1. 制定班干部选拔制度

(1)班干部选拔的原则：面向人人，全班同学都有参与班级管理的责任和义务。

(2)班干部具备的条件:热爱班级,愿意为同学们服务;有较强的班级荣誉感和责任心;具备一定组织管理能力和处理问题的能力。

具体岗位职责如表3-1所示。

表3-1 班干部岗位职责

岗位	职责内容
班长	1. 在班主任指导下,全面负责班级工作,协调各部委员,处理好班级事务 2. 以身作则,团结同学,做好表率 3. 及时传达学校及班主任对班级活动的要求,并组织同学将要求落到实处 4. 上课时喊"起立"口令
副班长	1. 主动配合班长做好班级各项工作,协助班长掌握班级动态,班长不在时,代理班长职责 2. 发现班级问题及时纠正解决,做好记录
学习委员	1. 做好调研,做好同学与任课老师之间的桥梁 2. 引导同学注意学习方法的科学性,有效利用学习时间,协助班主任或任课老师组织同学积极参加学校、班级举行的各种学习方面的竞赛和活动 3. 主动关心帮助学习有困难的同学
纪律委员	1. 负责早读、课堂、自习课、课业整理以及参加各类活动时的纪律,及时向值日班干部反馈情况 2. 课前预备铃响后,督促大家做好课前准备工作,并维持课前纪律,静等老师来上课。 3. 对于班级内出现的违反纪律的现象,要及时制止,并向班长反馈情况,严重的事件要及时上报班主任
组织委员	1. 做好班级环境美化布置工作 2. 管理好班级图书角,并做好借阅记录
宣传委员	1. 发放班级所订的各种报纸杂志。根据各类征订需要确定名单 2. 及时宣传班级好人好事,批评不良现象 3. 协助老师做好学校征文活动,组织学生向学习管理中心投稿 4. 定期出好班级墙报
体育委员	1. 积极组织全班同学参加各类体育比赛活动 2. 组织同学们积极做课间操 3. 配合体育老师做好课前准备 4. 积极带领同学参加课外各项有意义的活动

续表

岗位	职责内容
文艺委员	1. 开展丰富多彩的文艺活动。完成学校或班级文体活动的有关工作 2. 协助老师组织好音乐课的准备工作 3. 增加同学们对艺术的热爱,提高同学们参与文娱活动的积极性
卫生委员	1. 每天督促值日生做好教室环境的打扫 2. 在劳动中提醒同学们遵守劳动纪律,注意安全 3. 劳动后及时总结,表扬优秀 4. 积极配合校医室做好各种卫生保健工作,做好疾病防治宣传工作 5. 督促同学们做好眼保健操,做到保持安静,动作到位
安全委员	1. 发现同学遗失东西要及时报告老师。同学间发生争端,要及时疏导,严重事件要及时报告班长或班主任 2. 组织同学学习安全知识,开展安全宣传工作。检查班级或学校安全情况,发现存在不安全因素,及时向班主任和政教处反映,采取防范措施 3. 定期检查班级的安全,同学不在教室时应关上灯,放学时关好门窗

(3)班干部选拔流程:自愿申报→全班公开选拔,参选人陈述竞选理由→民主投票→任课教师参与投票→班主任公布竞选结果。

(4)当选人宣布就职。

2. 制定班干部管理制度

(1)明确岗位职责。

(2)熟悉工作流程:①明确工作的职责;②了解提交的工作任务;③及时汇报和总结。

(3)轮岗相互补位。①采用班长值勤制。为锻炼学生的统筹管理能力,实行班长值勤制,即推选多位“班长”轮流上岗(周期以周或月为宜)。②班干部轮岗交流。基于对班干部的培养是“用其所专,全面发展”,因此在每学期班干部考核后,通过班委会和班会的形式,以尊重学生的意愿为前提,建议班干部进行轮岗,即卫生委员可以和纪律委员互换,宣传委员和文艺委员互调岗位……根据班级学期和学生的特长进行调整。这对于班干部的培养是全面和有意义的尝试,对于班级管理也会提供新鲜的血液,促进班级文化进一步升级。③培养相互补位意识。“补位”意识对于所有的班干部来说都是最基本的能力之一。只有具备“补位”意识的班干部才能真正做到心中有集体、懂得合作共赢。这是班干部的“职业修养”,也是其个人修养提升的表现。

在一个班级制度文化相对成熟的班级，所谓的“班干部的培养”一定是面向人人的，让每一个学生都能找到属于自己的位置，在班级中发挥其所长，这是我们践行学生“全面发展”的重要一步。也许有的学生从小自带“领袖光环”，这样的学生在班级里一直是光华耀眼的，我们不要埋没了这样的“星星”，一定要给他们舞台，悉心培养，特别注意提高这一类型学生的抗挫折能力。正因为其自身的优秀，他们得到的机会和资源就会比别的学生多，从而容易养成“一切都是应该的”想法，一旦受挫，就会一蹶不振。班主任老师的积极引导非常重要。“疾风知劲草，烈火识真金”，培养他们的韧性和知难而上的精神是此类学生的关键点。

（三）建立有效的合作学习制度

追求班级文化的“和合”之美，特别强调合作的地位和重要性。开展小组合作学习，有利于班级日常管理，改善课堂的学习气氛，提升集体的凝聚力。因此，把小组合作学习的方式运用到班级管理和课堂学习中，是行之有效、值得倡导的。①

1. 组建合作学习小组

合作学习小组在充分尊重学生的前提下，自由组合建立，班主任起辅助指导的作用。这种方式有利于日后小组文化的建立和组员凝聚力的增强。

组长是小组的核心人物，其组织管理能力和性格对小组的建设非常重要。因此，对组长的人选要特别慎重。本着自我推荐、班主任和班委团队参与考核的原则，最终确定各小组组长人选。

合作学习小组内部具体分工如下：

（1）小组组长：全面关注成员的思想情绪、学习状态、纪律、卫生等。每周及时向班主任汇报小组情况。

（2）学科组长：负责组织学习，提醒组员按时提交作业和改错，积极关心帮助有困难的同学。

（3）纪律组长：负责小组的学习纪律，按照班规管理小组的纪律。

（4）卫生组长：负责小组的卫生管理，课桌、书本摆放整齐。

2. 打造组内文化

（1）营造良好的学习氛围。为了打造良好文化氛围，每个小组必须确立各自的组名、组训、小组目标等，从而增强团队认同感和荣誉感。

（2）增加小组交流机会。为有效打造组内文化，可以通过班会课、沙龙游戏等形式，增加小组间的合作交流机会，增进小组内成员间的友情，使小组成员快

---

① 参见钟梦瑶：《浅谈“和合”教育理念在班级管理中的应用》，《学周刊》2019年第8期。

速熟悉、融合起来，形成和谐、友爱、协作、共进的学习生活氛围。

(3)建立小组自主管理制度。小组自主管理制度的建立让学生的自我管理真正落到实处，这对于建立小组合作学习有着至关重要的意义。特别是班内相对比较沉默的学生，他们不缺少能力，但缺乏自信，应给他们机会，为他们树立自信。所谓“苔花如米小，也学牡丹开”，这些孩子的身上往往具备改变世界的能力，只是需要好的引导和适度的阳光温暖和雨露滋润。教育的力量就在于让每一个生命绽放其光彩，让每一个人的能力最大限度地得到开发。

从以上内容不难看出，班级文化的建设，离不开班级中层文化（制度）的构建和有效落实。在实际工作中，每一位班主任教师都有一套相对完善的班级管理规章制度，从德、智、体、美、劳等多方面对全班同学提出培养目标与习惯养成的要求。在具体实施中，力求将规则与自觉有机结合，制度面前人人平等，引导学生逐渐内化为自觉行为。

除此之外，在班级制度文化建设中，一定要注意它的规范性、连续性、导向性和实效性。首先，让学生明确标准，认识行为与后果之间的关系。其次，形成可不断完善的制度文化。同时，班级教师和学生都自觉遵守，使制度文化相对稳定，保持连续性。最后，在工作中，要注意班级文化的导向性，鼓励全班同学为实现班集体奋斗目标而努力，激发后进生的进取欲望，做到原则性与灵活性相结合，既规范班主任和任课教师的行为，充分发挥其表率作用，又能积极地影响学生，培养学生遵守规则制度、执行纪律的意识，使班级制度真正落实，具有实效性。[①]

四、班级深层文化(精神)

从本质上说，班级文化是人的文化，班级的精神文化建设是一种关注人的精神生活、着力提高学生素质的教育，是班级深层文化的体现，更是班级文化的精髓所在。

(一)规划班级愿景

打造班级的深层文化，需要群体价值观的形成，说得更直接一点，就是要有班级愿景的规划。这里的“班级愿景”不是班主任一人去规划，而是需要全体师生一起结合班级的实际情况和培养目标去设计，包括班级名称的确立、班级的奋斗目标、班级的组织建设、班级活动计划、班级教育与管理力量的协调计划……这些是班级整体文化设计的综合体现，是班级愿景规划的具体呈现。下面我们

---

① 参见牛伟嵘:《谈班级文化的育人效应》,《宁夏教育科研》2009 年第 4 期。

重点介绍以下几个内容。

1. 特色班名的制定

可能有人会问：为什么要起班名呢？没有班名这个班级就不优秀了吗？其实班名只是个符号，就像人的名字一样。但为什么从古至今为人父母者都要绞尽脑汁地给孩子起名字呢？甚至有的还要在《诗经》《楚辞》里去找有典故的文字给孩子起名。这种讲究又是为哪般呢？其实答案也很简单，做父母的总是想把最美好的祝福和最深厚的爱寓于孩子的名字中，希望他们的一生幸福而美好。可怜天下父母心啊！同样的道理，给一个班级起名字也是班主任对这个班级愿景的美好期待，是对这个班级的所有孩子深沉的祝福。班级的名字蕴含对班级文化的诠释。起名字的时候需要注意以下几点：

(1)班名要有朝气蓬勃的寓意。例如，代表团结向上、充满温暖的——阳光中队、幸福树中队、向日葵中队、七色花中队……代表励志精神的——弘毅中队、雏鹰中队、星星语中队……以英雄的名字命名的中队——邓中夏中队、恽代英中队、卢志英中队……

(2)符合本班学生的特点。低年级可以选择较为活泼的班名，如小星星中队、七色光中队……中高年级可以根据本班的班级文化培养愿景来起名字，突出班级的特点。

(3)彰显班级气质。关于"班级气质"在前面已经有所介绍，班级的名字是"班级气质"的集中体现，因此班主任老师应该较为集中地对班级的特色文化进行梳理，作为班名承载的价值所依。

2. 班级奋斗目标的制定

如果说班名是班级文化的气质体现，那么班级奋斗目标就是一个班级的核心理念。

班级奋斗目标的制定也需要注意以下几点：目标有激励性，指向性明确；语言凝练、简短好记、高度概括；体现班级的群体价值观，与班级文化高度统一。

3. 班级的组织建设

(1)组织结构：班干部由班长、副班长、学习委员、文娱委员、体育委员以及各科代表和各小组长等组成。

(2)重点工作：第一，架构合理。干部之间学会相互合作、相互补位。第二，组织形式多样的班级活动，给学生以展示才华的机会。第三，宣传班级的优秀班风和良好的精神风貌。

4. 班级活动开展的计划性

班级活动的开展要有一定的计划性，其落脚点一定是聚焦学生良好品质的养成、个性特长的培养、意志能力的锻炼和好习惯的培养等，充分发挥学生的主动性、积极性和创新意识。

5. 班级各项工作的协调

（1）做好家校沟通，更好地了解学生，帮助学生，做到因材施教。

（2）做好与班级任课老师的交流，在班级活动与学科实践活动之间做好双向沟通。

（二）塑造班级核心精神

作为一种深层次的文化，班级的精神文化虽然不具有物质文化和制度文化那种直观可视的特点，但由于其渗透在班级的教育教学与实践活动之上，从而使人时刻感受到它的存在，以及它的那种独特的班级感染力。因此，这一层面的班级文化也是班级的精神风貌、个性特征、社会魅力的高度表现。班级文化的育人效应正是在这一层面集中反映出来的。

从《小星星的话》看班级精神文化的创建

不管班级文化做到哪个层面，最终指向的都是班级的深层文化，即班级的精神文化。它是班级文化的核心和灵魂，也是育人的目标与追求。

很多年以前，我和学生一起制作过一本绘本文集《小星星的话》。这是一本全彩印的文集，开本不大，记录的是学生从一年级下学期到三年级下学期创作的童谣、儿歌、绘本故事。这是一本没有正式出版的书，但所有的制作都是严格按照出书的标准完成的。书中的每一段文字，每一张插图都出自老师和学生之手，没有使用任何一张来自网络或者其他人的图片。

特别值得一提的是封面和封底，封面的“星星、风车和我”选用了三位同学的绘画作品组合而成。但封底只有一位同学的加菲猫和蜻蜓。为什么选择他的画放在封底？说来很让人感动。当时班里的很多孩子都喜欢画画，而且画得还不错，故事写得也很好，所以43个学生的班级里，几乎每个学生的作品都入选了。但只有一位学生小佐例外，因为一些特殊的原因，小佐同学的成绩一直不太好，对班级的活动也不是很热衷。“绘本故事”系列开始以来一直未参与过，所以编辑作品集的时候没有找到他的作品。同学们一直觉得很遗憾，直到准备印刷的前一天晚上，突然有学生留言说：“老师，我想起小佐同学曾经在一次班会活动时提交过一张他画的‘加菲猫和小蜻蜓’，后来送给我了，刚刚让妈妈帮忙拍下来，我想把这张画加进去可以吗？这样‘全班’就真的‘全’了。”

通过这个案例，我们看到班级核心文化的真实体现。

第一,“全班”的意义就是一个都不能少。这种朴素的情感是班级精神文化的底色。

第二,不以分数“量”友谊。尽管小佐成绩不好,但同学们并没有歧视他、疏远他,而是视他为班级的一员,在全班的画集里给他留下位置。

教育需要从学生的角度出发,设计能够吸引学生注意力的活动内容,实现班级建设形式的多样化发展,让学生能够主动参与班级的环境创设。中华优秀传统文化具有很好的教育意义,是我国悠久文化历史的精华,仁、义、礼、智、信等优秀文化都可以在班级文化中呈现,可以更好地传承与发扬。班级文化建设是学生教育工作的一部分,良好的班级文化建设不是一朝一夕就可以完成的,也不是通过几个人的努力就能完成的,它需要社会、家庭、学校的共同努力,需要广大师生的共同参与。

第二节　新时代对班级文化的要求

“和合”思想是中华民族传统文化中最完善也是最富有生命力的部分,它融汇于历朝历代各家学派的思想体系,贯穿于中华民族文化发展的全过程。因而,“和合”思想在新的历史时代也具有深刻的意义。它的思想精华必将融于时代发展的方方面面,特别是学校教育,更是深受其影响。本节内容,我们就新时代育人的方略要求和传统文化中的“和合”思想对班级文化的影响进行论述。

一、新时代对育人方略的要求

《中国教育现代化 2035》提出了推进教育现代化的八大教育理念:更加注重以德为先、更加注重全面发展、更加注重面向人人、更加注重终身学习、更加注重因材施教、更加注重知行合一、更加注重融合发展、更加注重共建共享。这是新时代对教育提出的育人目标,同时也是我们追寻“和合”之美育人方略的目标和要求。

(1)以德为先,落实行动。我们的民族历来有崇德重德、尚德倡德的传统,高尚的品德是人性的最高形式体现,它能最大限度地体现人的价值;高尚的品德又是世界上最强大的动力之一,它能最大限度地调动人的力量。子曰:“骥不称其力,称其德也。”意思就是说,对于千里马,不称赞它的力气,要称赞它的品质。尚德不尚力,重视品质超过重视才能,反映了孔子对贤才“德”的重视。“以德为先,落实行动。”在学校各项教育教学活动中,道德教育都会作为重要内容进行渗透、引导。所谓“五育并举”，也是把道德教育放在首要地位。“不以善小而不为，不以恶小而为之”，让学生从小树立正确的道德价值观，在幼小的心灵播种爱的种子、善的种子、美的种子……教学活动只是教育的一种形式，其目标指向对学生优秀品质的培养。

(2)全面发展，和合与共。春秋战国时期，官方教育体系就以“礼、乐、射、御、书、数”六门功课——“六艺”培养贵族子弟。史书记载，孔子在历史上最早将“射艺”“御艺”和修养道德品质紧密联系在一起。他采用的是一种整体性的教育模式，鲜明地体现出“德技兼备”的教育原则，是儒家文化“内外兼修”的具体体现。从另一个角度也可以把他看作“德智体”全面发展这一思想的最早提出者和践行者。

从先秦时代的“君子人格”到近代蔡元培先生提出的“健全人格”培养，历史的车轮不断向前，中华民族对于人格的健全发展一直孜孜以求。在新的历史时期，我们的基础教育主张培养全面发展的“人”，不仅仅是外在的“德、智、体、美、劳”，更多的是内外兼修的“和谐”发展。

(3)面向人人，全纳平等。“和合”思想主张从“修身齐家”的角度“和合”人与自我、人与亲人、人与身边之人的关系。对于此，孔子主张用“亲亲”——“仁”的原则来解决。他说：“仁者爱人。”《孟子·离娄下》又说“何以异于人哉？尧舜与人同耳”，提出了“人人生而平等”。在新的历史时期，我们追求社会的和谐、文明的发展，聚焦于学校文化、班级文化，更要重视“面向人人，全纳平等”的育人原则，为每一个学生营造适于生长的学习环境，增强学生的班级归属感。

(4)终身学习，为学不辍。“古人于为学，终身与之俱”，此语出自梁启超，体现了他的“终身学习”思想。这个思想与孔子“学而不已，阖棺乃至”的主张是一致的，与宋朝诗人陆游《冬夜读书示子聿》诗中的“古人学问无遗力，少壮工夫老始成”也是一脉相承的。“活到老，学到老”是古仁人之求学的态度，为我们后世学子做出了很好的榜样。当今时代，“终身学习”更是现代人才培养的重要目标，因此，培养终身学习的意识与习惯不仅重要，而且必然使人受益终生。

(5)因材施教，和而不同。在新的历史时期，对于学生的教育，我们既要有全纳与平等的意识，又要重视学生的个性发展，正如孔子所说的“和而不同”“因材施教”，为每一个学生的和谐发展创设机会、积蓄力量。

(6)知中有行，行中有知。“知行”是中国传统哲学的重要范畴，主要指道德认识与道德践履。王阳明最早提出了“知行合一”理论，认为二者互为表里，不可分离。知必然要表现为行，不行不能算真知。王阳明的知行合一说深化了道德意识的自觉性和实践性的关系，在新的历史时期同样有着新的生命活力。在班级文化建设中，我们要求学生表里如一、言行一致；在道德行为养成教育中，学生的道德认识和道德意识必然表现为道德行为，如果不去行动，不能算是真知。因此，“知行合一”思想对于学生的道德教育和行为习惯培养都有着非常重要的指导作用。

(7)协同育人，美美与共。随着时代的发展，家庭教育、学校教育和社会教育中的任何一种教育形态都不能单独完成现代教育的重任，合作是必然趋势。“和合而生”是家校社合作发展的共同追求，它要求学校、家庭和社会在教育体系中要明确和认识各自的角色地位，充分发挥各自的优势，协调育人，美美与共，最终指向学生的健康发展，形成真正的“和合而生”的和谐教育。

二、新时代传统文化与班级文化融合的要求

优秀的传统文化是中华民族的精神命脉。一个没有文化底蕴的国家必然是贫瘠的，一个没有文化意识的学生，必然是缺乏认知的。在新的历史时期，我们要创新班级文化建设模式，就要通过学生喜爱的方式来营造班级文化氛围，使学生乐于学习。[①] 传统文化与班级文化建设融合有以下三点：

(1)提升学生对文化的认知。通过了解我国文化习俗的由来，培养学生对祖国传统文化的热爱，提升学生对传统文化的认知。如中华节令文化——二十四节气，其蕴含的传统文化底蕴是那样的深厚绵长。当然，在这个过程中也会遇到一些问题，比如学生不了解农历、对历史了解甚少等。这些都可以通过班级课程和班级活动做进一步的推广和普及，也可以通过班级文化建设增加学生对农历的了解，了解我国的传统文化。

(2)凝练班级的文化元素。将传统文化融入班级，吸引学生主动参与其中。例如，春分画彩蛋，端午做彩粽……甚至班歌、班旗的创作、设计都可将传统文化的元素加入其中，让班级文化更加丰满，班级凝聚力更强。

(3)培养学生的文化传承意识。祖国的文化是需要代代相传的。例如那些香甜了我们整个童年的传统美食：端午的粽子、中秋的月饼、元宵节的汤圆、腊八节的粥……胶东的大饽饽、济南的油旋儿……美食里的故乡，满满家乡的味道。这些特色食品的制作技艺同样需要继承与发扬，如果没有人去学习，这些手艺必然会在中国的历史长河中渐渐消失。在经济快速发展的今天，我们更要注重培养学生的文化传承意识，为他们搭建平台、提供机会去学习，去感受，提升自己的文化传承力。

在新的时代背景之下，传统文化教育非但不过时，反而要更加重视。在新的历史时期，我们要实现中华民族的伟大复兴，就要让我们的未来一代真正树立民

---

① 参见蓝海燕：《传统文化与班级文化建设融合的探究》，《小学教学参考》2018年第33期。

族自信，将祖国的优秀传统文化继承和发扬下去。尽管当前学校和社会都在积极推进，但班级层面的落实对于学生来说则更为显著有效。班级文化层次的进一步升级，将为传统文化与班级文化的更好融合打下坚实的基础，为学生整体素养的提升保驾护航。

第四章　班级文化的传统之美

纵观人类文明史，中华文化以其磅礴内敛彰显着独特魅力。传统文化之美，美在其“和谐”，美在其博大精深，美在其一脉相承，美在其“天地有大美而不言”。所谓“无限之美”，庄子曰：“千里足远，不足以举其大；千仞之高，不足以极其深。”（《庄子·秋水》）这种展现在无限时空中的美，便是“天地之大美”；“和合”之美，是中国传统文化之美的精华所在。本书所讲传统文化之美，主要指以儒家思想为主题的中国传统美学。班级文化的传统之美，其核心在传统文化对班级文化的深层影响，内容包括传统文化的丰富内涵及育人价值、传统文化的美学思想与班级文化美育的融合等内容。

传承中华文化是基础教育阶段的重要任务，富有特色的学校文化是一所学校历史文化的灵魂。校园建筑、活动场所、文化氛围以及和谐的人际关系，都是学校教育对学生传统文化知识、行为和价值观念进行深层而有效熏陶的隐性文化课程教育。加强以中华优秀传统文化为底蕴的学校文化建设，是学校教育突出文化特色和进行有灵魂的教育教学，切实落实立德树人根本任务的重要基础。本章我们要重点讨论的是中国传统文化对班级文化的深层影响。

第一节　传统文化的内涵与育人价值

一、传统文化的内涵

探求中华传统文化之美，首先要理解什么是“中华传统文化”。中华传统文化是中华文明演变汇集成的一种反映民族特征和风貌的民族文化，是历史上各种思想文化、观念形态的总体表征，是指居住在中国地域内的中华民族及其祖先所创造的，为中华民族世世代代所继承发展的具有鲜明民族特色的历史悠久、内涵博大精深、传统优良的文化。[①] 梁漱溟先生认为文化是社会交流的产物，无所谓本土和外来。他理解的“中国文化”是没有受到“近百年影响变化之固有者”，也不是单纯的中国古代文化，是中国人赖以生存的基本条件。因此，从历史角度讲，上述各时期或阶段的中国传统文化是对应于现代或当代文化而言，传统文化可以指历史上前人代代积累而遗传于后人的文化遗产。

“由于中国传统文化缺少外在宗教、政治文化，注重‘以文化人’‘化而载之谓之变’，即根据不同情况、不同地域进行随机应变，适时调整，因此各民族在长期相处的过程中，在维护自己文化特色基础上，经历了从整体文化价值取向认同到趋同、最终由亚文化融入主文化的过程，在思维方式和行为规范相互尊重的基础上形成文化认同，也造就了中华民族传统文化开放、包容和同化能力强的特点。”[②]中华和合文化的核心内涵包括“天人合一”的自然观、“合而不同”的价值观、“天下为公”的治理观。

（一）“天人合一”的自然观

“天人合一”观念是中国古代和合文化意识基本形成的标志，和合文化最早的应用场域就是如何处理好人与自然之间的关系。“天人合一”自然观的核心要义可以从两个方面进行理解，一方面，它体现了天地与人已融为一体的人文精神[③]；另一方面，它并不是机械的天人二分，也不是形而上学地将两者直接割裂，而是在尊重两者差异性的基础上化简归一。

（二）“和而不同”的价值观

“和而不同”的表述，最早出自《论语·子路》中的“君子和而不同，小人同而不和”。孔子在2500多年以前就提出“和而不同”，反对“同而不和”。结合当前的认知，我们可以理解“和而不同”的思想是一个内在逻辑清晰、外延丰富的思想体系，不仅涉及对自然科学的辩证认知，更蕴含着丰富的人际关系的处理与国家治理模式构建的智慧。

以和为贵，追求“和合之美”。在尊重“不同”的前提下，以“和”为发展的最终归宿，这样便能够促使整体与部分都有所进步，这也就是古今所追求的“和而不同”的价值观。

---

① 参见朱耀先：《试论中国传统文化的传承与发展》，《中共郑州市委党校学报》2017年第6期。

② 李文军、耿成义、王宝泉编：《传统文化课程设计导论与课例评析》上册，山东大学出版社2022年版，第29页。

③ 参见耿步健、张岩：《中华传统和合文化是人类命运共同体理念的精神根基》，《江苏大学学报》（社会科学版）2022年第2期。

(三)“天下为公”的治理观

在《礼记·礼运》中，我们读到了“天下为公”的远大政治抱负。韩非子说，“古者苍颉之作书也，自环者谓之私，背私谓之公”，指共同拥有。中国传统文化中的“公天下”之治，很早就提出了“中国为本，天下为怀”的思想。正如新时代向青少年提出的“有理想、有本领、有担当”，明确自己的责任，不忘自己的使命。传统文化中的“天下为公”的治理观，就是一代又一代人血液里流淌的使命担当。

二、传统文化的基本特征

中国传统文化具有优秀的民族文化特征，体现在以下四个方面。

(1)历史悠久，文化兼容。与世界其他民族相比，中华文化具有在时间上持久、对不同文化兼容的特点。中华文明历经风云变幻、沧海桑田，中华文化紧跟着历史的车轮向前发展推进，已有5000多年。另外，中国传统文化是有连续性的，伴随着历史的跌宕起伏，中国传统文化自成系统、延续传承，这样的生命力使我们傲立于世界民族之林。①

(2)文化多样，融合并收。中国是一个多民族的国家，历史上经历了多次的统一和分裂，政治上有过汉民族的统治也有过少数民族的统治。在文化上，以中原的汉文化为主，与各少数民族文化多次碰撞，求同存异，融合吸收，逐渐形成了今天的多样性特点。

(3)崇德尚德，厚德载物。中国传统文化在教育上有“重德”传统。特别是儒家思想，其作为中国传统文化的主流，特别注重道德修养。孔子的核心精神是“仁”，提出“仁者爱人”“杀身成仁”，孟子将“仁”的思想扩展为“义”，主张“舍生取义”。“仁义礼智信”向来都是中华民族人际交往的信条，在人们的思想意识里占据着重要的位置。

(4)和而不同，和合相生。和合文化是中华优秀传统文化的重要组成部分，是中华民族在长期共同生活和对内对外相互交往过程中，形成的一种建构和谐社会秩序、推动国际友好往来的重要价值认同体系。其中所蕴含的“协和万邦”“和实生物”“天下大同”的智慧涵养为人类命运共同体理念奠定了坚实的精神根基。②

---

① 参见靳青：《中国传统文化在班级文化建设中的路径研究》，《戏剧之家》2017年第23期。

② 参见董卫国：《彰显和而不同的时代意蕴——传承中华民族需要的文化基因》，《人民日报》2019年7月8日。

三、传统文化的育人价值

中华优秀传统文化具有宝贵的育人价值，我们的文化基因中就一直非常重视对价值观的传承与延续。以中华传统道德文化、法治文化、励志文化教育影响现代人的精神世界①，力求多频共振、继承创新，不断形成教育合力，使传统文化的育人价值得到充分展现。

（一）传统文化的独特育人价值

中华传统文化融汇了历史不同时期、不同民族的文化要素，逐步形成了共同的价值观。它是在尊重、遵守自然规律的基础上，并结合自身生存、发展，乃至壮大的不同需要而形成的意识形态。更难能可贵的是，中华文化经历了漫长的历史时期，到目前为止还在持续创新和不断向前发展，这也是中华文化始终保持特色的核心优势。

党的十九大报告强调，"推动中华优秀传统文化创造性转化、创新性发展"，"深入挖掘中华优秀传统文化蕴含的思想观念、人文精神、道德规范，结合时代要求继承创新，让中华文化展现出永久魅力和时代风采"。中华传统文化具有独特的育人价值，这种文化"基因"已经根植在我国人民的血液之中，只待以合理的方式唤醒，使传统文化"照进"现实。

1. 中华优秀传统文化是人才强国的独特优势

中华民族五千年的文化传承是新时代"以文化人"的支撑。中华优秀传统文化、革命文化与社会主义先进文化是我国公民教育的三大资源。革命文化与社会主义先进文化中的很大一部分，更是源自中华优秀传统文化，因此，中化优秀传统文化是我国国民教育的基石，是不同时代社会文明发展的源泉。中华优秀传统文化既是中华民族的宝贵财富、历史遗产，也是当今世界珍稀的文化财富。正是有了中化优秀传统文化的强大支撑，才能够构建起新时代人才培育的特色框架，使人才既具备现代文化素养，又具备传统文化底蕴。

2. 中华优秀传统文化包含丰富的教育资源

传统道德文化引导公民注重修身。道德教育是中华文化的核心内容，中华民族的传统道德文化讲求修身正己，严格自律。具有崇高的道德理想是古代人才培养的核心目标之一。如儒家思想推崇"仁"，要求人要具备忠、恕、悌、智、勇、恭、宽、信、敏、惠等多种品质，涵盖了对人方方面面的规范。"仁"的核心是"仁

---

① 参见李西京：《中华优秀传统文化融入高校校园文化建设研究》，西安科技大学硕士学位论文，2019年。

爱”，是现代社会尤其需要培植的品质，包括善良、诚实、守信、友爱、谦恭、勤奋、包容、进取与尊重等，代表着中华儿女的核心价值取向，体现了丰厚的中华传统文化底蕴。

中华优秀传统文化包含丰富的教育资源，从不缺乏励志故事和榜样人物，如大器晚成的百里奚，“犯强汉者，虽远必诛”的陈汤，登险峰、涉危洞的徐霞客，抗倭英雄戚继光，等等。这些中华文明历史上闪耀着光芒的风华人物，用他们的浩然正气、百折不挠光照历史，彪炳千秋，成为后人学习的榜样。

3. 传统文化育人要坚持多管齐下

(1)发挥学校教育优势，培养底蕴深厚的新时代人才。

(2)整合社会教育力量，实现“润物细无声”的育人效果。

(3)注重家庭传统文化教育，将优秀传统文化融入到家风文化塑造中，突出家风的教育功能，全体家庭成员都要相互感染、共同学习。

(二)传统文化在班级育人中的作用

两千多年前的春秋战国时代，孔子就提出了“有教无类”“因材施教”的育人思想。历史的车轮不断向前，今天，“教育要面向人人”的全面育人思想更是深入教育改革的方方面面。在新时代，传统文化教育对全面育人的教育思想有哪些推动作用呢？它们之间又有怎样的关系呢？需要我们认真思考。

1. 传统文化为素质教育提供了丰富的文化资源

优秀传统文化中的道德观、认识论和科学精神综合了一个人立身处世的道德修养、伦理观念、文化素质、思维方式和行为规范等。这些优秀传统文化，是当今素质教育最重要、最基本的内容。①

2. 优秀传统文化教育对学生的全面培养具有独特的作用

传统文化素养属于“素质基础”之“基”，偏离此“基”，素质教育必伤“根本”。② 所以，素质教育离不开传统文化，全员育人更离不开传统文化教育。

具体来讲，传统文化教育有助于中小学生个体人格的塑造、品位的提升和审美情趣的提高，有助于中小学生学习心理的健全和学习精神的培养，有利于和谐个性的培养，有助于立人导行。

(1)在班级管理方面。中国的百家思想可以运用其中，如儒家倡导的“仁爱”“人本”思想，可以作为班级管理的重要理念。尊重学生、关爱学生，与学生建立平等、民主的关系，以学生为本，当教师真正做到这些的时候，自然就会赢得学生

---

① 参见张利明：《中华优秀传统文化：铸魂育人的精神滋养》，《社会科学战线》2016 年第 6 期。

② 参见李娜：《小学优秀传统文化教育的个案研究》，山西师范大学硕士学位论文，2019 年。

的尊重和理解。久而久之，学生们“亲其师信其道”，教师的威严也会在无形中建立起来。老子主张“无为而治”，运用在班级管理上，就是留给学生足够的空间，对自己的学习和生活进行规划，对班级的管理提出自己的意见，教师从旁适时指导，给学生一个机会，让他们更好地展示和发展自己。

(2)在价值观的形成方面。传统文化中有着优秀的思想因子。中国传统文化博大精深，学习和掌握其中的各种思想精华，对树立正确的世界观、人生观、价值观很有益处。古人“富贵不能淫，贫贱不能移，威武不能屈”的浩然正气，“人生自古谁无死，留取丹心照汗青”“鞠躬尽瘁，死而后已”的献身精神，“位卑未敢忘忧国”的报国情愫等，都体现了中华民族的优秀传统文化和民族精神，我们都应该继承和发扬。由此可见，用传统文化建设班级文明，对于塑造学生正确人生观、价值观是一种无形的教育。

(3)在素质修养的培养方面。校园不仅是学生学习知识和技能的场所，还是个人修养和素质培养的地方。传统文化中包含个人道德要求和人际交往原则。我们充分运用可以很好地发挥其对学生的引导作用，帮助学生提高个人修养，培养学生成为懂规矩、知礼仪、讲孝道的社会主义接班人。

(三)传统文化道德教育在班级活动中升华

让传统道德教育多样化。学生在校的生活应该丰富多彩，每一个环节中蕴含着育人文化。例如，利用晨读时间可以开展经典诗文如《诗三百》《千字文》《小古文》的学习。“熟读唐诗三百首，不会作诗也会吟”说明知识的储存和审美经验的积累对创作的重要性。所以，我们重视学生的古诗文积累，既是对祖国语言文字的继承与发扬，又能够促进学生口语的发展和社会情感的培养，以及脑功能的协调发展。

生活即教育，学习即成长。重视对学生道德品质的培养，要从生活中的小事抓起，帮助学生养成仁爱、自立、知礼、守信等良好品质与行为。在日常生活中，教育学生要团结同学、自理自立；在学校活动中，教会学生合作、谦让，培养其规则意识和遵守规则的良好习惯。遵循“古为今用”的原则，深入挖掘传统文化中的优秀因子，将思想文化与审美教育融于学生学习生活的方方面面，润其心灵，立人导行。

让传统道德教育主题化。在现实的教育教学中，把对学生的传统教育同现代主题教学相结合，通过各领域教育活动的实施，强化学生对传统文化的认知。例如，在“我们的节日·端午”主题活动中，通过让学生亲身体验包粽子、做香包等，在搜集、学习端午节的相关历史知识的同时，也学习了屈原的爱国精神。

传统文化是中华民族的根基，千百年来深刻地影响着中华儿女。《论语》载

“慎终追远，民德归厚矣”，启示对优秀传统文化的追索与传承，将使人道德高尚、敦厚温良。因此，在多元文化迅速交融的背景下，要将传统文化厚植于心，提升现代公民的内在修养，使传统文化的育人功能得到充分展现。

第二节　探寻班级文化的传统之美

儒家文化以久远深厚的社会历史为根基，又不断吸取各家学说而丰富发展，从而成为中国传统文化的主流、基干。其“和合”之美更是中华文化的至高智慧。

一、“外显于神”之美

《易经·乾卦》开篇就有“天行健，君子以自强不息”。曾子也说：“士不可以不弘毅，任重而道远。仁以为己任，不亦重乎？死而后已，不亦远乎？”（《论语·泰伯》）这种自强不息的精神深刻地影响着人们，激励着人们不怕挫折、坚韧不拔，为实现自己的远大目标而努力奋斗。这种精神力量“外显于神”之美同样体现在班级文化之中。

（一）自强不息的精神

自强不息的精神是培养学生健全人格的重要内容，其精神力量渗透在班级文化建设的方方面面。

1. 班级环境建设

从班级名字的命名到班级环境都可将“自强不息”的文化气质渗透于班级文化之中。例如，前面提到的《人生在勤，不索何获》，作者所记录的就是学生们在布置班级文化时的真实场景和感受。向日葵是“阳光中队”的标识，代表了一种“阳光向上”的精神，用向日葵作为班级环境创设的重要元素，有其班级文化的传承性、连续性，更代表班级自强不息的“外显于神”之美。

2. 班级气质体现

所谓班级气质代表的是一种班级精神，它以显性和隐性的方式同时存在。

显性的班级气质就是外显能看到的班级精神面貌。例如，运动会上，为班级荣耀努力拼搏的运动健儿。他们不惧吃苦，不怕失败，勇敢向上，彰显了自强不息、永不放弃的班级气质。

隐性的班级气质是指凝聚于内的班级“向心力”。为班级荣耀团结一致，相互鼓励，发于内心，相互成就的内在核心力。这种气质是内敛的，需要时间的打磨，但一经形成就成为一种“成长力”，对学生主体发展有着重要的影响。

立德树人先从培养学生自强不息的精神开始，这也是今天我们追寻文化自信的重要内容。

有一次学校开展班级传统文化节，学生们诵读《春江花月夜》。舞台上，学生那种从内而外展示出的自信、行云流水般的朗读、自然大方的表现给所有的评委留下了深刻的影响，甚至有的老师直接点评：“一看就是 Y 老师的班，带着一股劲。”这些溢美之词是老师对孩子们的鼓励和厚爱。这种所谓的“劲”，就是我们常说的班级气质。

每一个相对成熟的班级都有属于自己的班级气质。这种班级气质是如何形成的呢？应该说得益于从低年级开始养成的文化浸润（阅读、朗读、演讲）。班级文化是班集体的灵魂，是凝聚学生学习和人格养成的重要课程资源。借鉴传统文化的要素，加强和提炼班级文化，对提升班级的核心力量有重要作用。

不管是显性的班级文化，还是隐性的班级气质，其所指向的都是班级内学生朝气蓬勃和自强不息的精神力量的体现。因此，班级气质是一个班级文化内涵外显于神的重要体现。

（二）彬彬有礼的行为

中国优秀传统文化坚持以人为本位，重视现世的人伦生活。《尚书》有“重我民”“唯民之承”“施实德于民”的记述。经历千年文化的熏陶，在今天我们虽然受西方思想影响较大，但传统文化早已渗透在血液之中。“以人为本位”的理念体现在班级文化建设中就是每一个学生都是班级的主人，如班级管理的“自主意识”，培养学生的主人翁精神；班本课程中的“以生为本”，自主开发适合学生发展的班级课程……这些无不体现传统文化的“人本主义”精神。

我国素有“礼仪之邦”之称，礼仪规范历来备受重视，原因在于礼仪无论是对个人还是对国家均发挥着巨大的作用。《左传》说：“礼，经国家，定社稷，序民人，利后嗣者也。”教育学生从小培养知礼仪的优秀品质，对于学生的成长有着重要的意义。结合班级文化的建设，班级可以开展丰富多彩的活动，训练学生知礼、懂礼、守礼。例如开设礼仪班本课程，在交流与活动中，使礼治精神深入每个学生的内心，使其成为日常行为准则的一部分。

我们一直提倡习惯的养成要“内化于心外化于行”，礼仪教育不仅是对学生外在修养的教育，更是提升内在气质的一种培养，让学生参与到“礼仪教育的小先生课堂”，就是希望通过这种形式真正让学生参与其中，有更加深刻的体会和感悟。从学生的反馈来看，我们的培养目标是达成的。

（三）和而不同的态度

中国文化不仅重视人与自然的和谐，还重视人与人的和谐。孔子主张“礼之用，和为贵”，现代教育教育学生要团结友好、和睦相处，与传统文化一脉相承。说到和谐思想，必然要提到沟通能力的培养。不管是师生之间、亲子之间，还是生生之间，和谐关系的培养需要正确的沟通策略。这是达到和谐共处的第一步。只有从传统文化中汲取精华，在实践探索中总结发现，班级文化的“和谐思想”才能不断形成和完善。

和谐思想主张和而不同，强调个性发展基础上的相互理解、相互启发，而不是专注于竞争。《论语》曰：“君子和而不同。”“和”不是单一，而是多元并存。“和”非但不排斥“不同”，反而包容“不同”。“和而不同”对文化的影响是多元而深远的。“大家不同，大家都好”是日本作家金子美玲在《我和小鸟和铃铛》中的一句诗文，在教育家陶西平先生的教育理念中得到重新解读。“虽然大家不同，但是大家都好，因为包容而绚烂多彩；因为大家不同，所以大家都好，因为交融而百花争艳。”“大家不同，大家都好”是一种理念，是一种信仰。[①] 班级就像是一个微型社会，同伴关系中有和谐必然有不同。班主任要尊重学生的个性和专长，培养学生尊重他人、学会换位思考处理问题和解决问题的意识和能力。只有在促进个性化发展的前提下，班级的和谐文化才能不断形成和完善。“小先生课堂”给学生的个性化发展提供了广阔的舞台。

“小先生课堂”是我们班级开展的一个品牌课程，在开展过程中遇到很多有趣的案例，也引发了我很多的思考。例如讲三国是很多男生喜欢的内容，在最初申报的时候有三位男同学同时提出了申请，他们都准备了非常精彩的讲述内容。给我印象最深的是“草船借箭”这个章节。

一位男生对诸葛亮的“借箭”智慧佩服得五体投地，运用了大量的语言进行表述，褒奖之词溢于言表，称这是“神来之笔”，“卧龙先生”威名果真名不虚传……但另一位同学提出了不同的意见，认为诸葛亮的过人之处就是在于他对自然气候规律比较了解，利用大雾因时因地作为而已，这种知识普通的渔人都知道。诸葛亮只是用心去观察了，所以可以做到，没有什么特别的地方，更谈不上什么“神机妙算”。但诸葛亮的确谋略过人，对曹操的多疑与周瑜的自负都能控于掌间，审时度势，运筹帷幄，“借箭”过程中所表现出来的缜密逻辑才是他了不

---

① 参见陶西平：《大家不同 大家都好》，教育科学出版社 2012 年版。

起的地方……听着学生的陈述，大脑中又不自觉地浮现出那句“一千位读者就有一千个哈姆雷特形象”。学生的慷慨陈述让我看到了学生对原著的热爱、对问题思考的深入。他们对同一个章节的不同理解，正是教育真实发生的具体写照。我给学生的建议是：以学生的名字冠名讲三国，比如“涛涛讲三国”“恩聪讲三国”，就用自己的理解来讲述，大胆地把心中的所想和同学们进行交流。例如，对“草船借箭”的故事，让同学们参与到讨论当中来。就这样“小先生课堂”改成了“小先生论坛”。思辨的意识是需要引导和培养的。

在“小先生论坛”诞生的那一刻起，教育“和而不同”的认识也就真实地发生了。重视学生的个性发展，鼓励学生的创造思维，希望学生们都能有自己的主见、敢于大胆表述自己的想法，前提是要给学生发声的机会，为学生搭建展示的舞台。从这个角度来说，“小先生论坛”正是给学生提供了这样一个机会，让“和而不同”之思想与智慧促成了“大家不同，大家都好”这一教育理念在班级层面的发生和发展。

（四）诚信为本的人格

诚信是一个永恒的话题，“信”在我国可谓源远流长。春秋时期著名政治家管仲将“诚”与“信”连用，明确指出“先王贵诚信。诚信者，天下之结也”。对个人而言，诚信是成就中小学生道德品格的重要条件，也是中小学生在未来社会生活中立身处世的基石。师生之间、亲子之间或生生之间的关系，是以诚信为前提的。因此，我们应当充分运用优秀传统文化中的诚信资源，利用各种教育渠道，全方位传递诚信知识和诚信价值。课程设计要针对学生熟悉的生活事例，结合传统文化资源，提高儿童道德思维层面的认知；营造积极的诚信氛围，帮助儿童建立良好的诚信观，为儿童诚信观的发展提供助推器。

在班级文化和班级课程的设计中充分发挥班级文化隐性课程的作用，开展诚信文化主题活动，能够促进家庭和班级建立互相尊重的和谐关系。例如学生排演的童话剧《去年的树》，让学生对“诚信”有了不同的理解。

在“幸福树”童话剧团组建之初，对于剧本的选择，学生们绞尽了脑汁，最后他们一致选择《去年的树》。说到原因，剧团的主编小宇同学说：“《去年的树》最打动我们的是小鸟和大树的约定并没有因为大树被伐木工人砍伐就终止了。小鸟一次又一次地找寻，锲而不舍，即使最后它知道大树变成了火柴，它面对火柴发出的微弱的光，也要再次唱起去年为大树唱过的那首歌，履行它的诺言，这不就是我们之前在课本中所学的‘与朋友交，言而有信’吗？所以，我们选择这个剧本，就是想提醒同学们，同时也提醒我们自己要珍惜友情、言而有信。”这个剧目深受同学们的喜爱，前前后后演出了几十场，得到了省市区专家领导的好评，成为“幸福树”童话剧团的保留剧目。

“诚信”教育是传承中华优秀传统文化的重要内容，是培养健全人格不可忽视的部分。但对于“诚信”的教育我们不能只停留在课堂说教中，更多地应该关注学生的“内化于心”。“幸福树”童话剧团是学生自发组织的一个班级团体组织，后来成为班本课程的一部分，其原生动力来自学生的自发组织。从剧本的改编创作到剧目的排演，从角色的造型设计到服装道具的准备，学生都投入了大量的情感与精力。相信在这个过程中，学生们对于这个故事的理解早已超过了读故事本身的层面。这种“走心”其实就是我们想要达到的培养目的。

二、“内隐育心”之美

纵观中华文化史，诸子百家、四书五经都在知识、情感、信念、意志、行为和价值观等方面潜移默化地影响着历代读书学子。可以说，隐性课程教育一直都存在，我们可以感受到这一脉相承的影响已经深入每一位中国人的血液之中。

(一)蓬头稚子学垂纶——童蒙养正

“童蒙养正”的思想来源于《易经》。《易经·序卦传》载“蒙者，蒙也，物之稚也”，指出“蒙”是事物在幼稚阶段的状态。事物刚开始的时候，肯定会有迷蒙，儿童生长亦然。“童蒙”即指幼儿阶段的特点，因此古人把幼儿教育称作“蒙学”，对刚开始的教育叫“启蒙教育”。

学生的成长过程有很多重要的关键期，如语言关键期、习惯养成关键期、培养动手能力的关键期等。现代教育心理学也论证了这些既重要但又短暂的关键时期。它关系到一个人“三观”的形成，故释为“关键期”。中国古代对蒙学的看重，就可以被理解为古人对“关键期”的重视。蒙学教育看似是以识文断字、成篇写作为目的，其实蕴含了丰富的中国古代哲学思想。

《三字经》被称为“蒙学之冠”，所谓“熟读《三字经》，可知千古事”。当然，这里并非是指《三字经》可以代替所有的知识，而是说《三字经》将中国传统文化的文学、历史、哲学、天文地理、人伦义理、忠孝节义等融入“识字”中。“识字”是显性的目的，培养“仁、礼、和、义、智、信”的价值观则是隐性的目的。

除《三字经》之外，《弟子规》《五字鉴》《唐诗三百首》《声律启蒙》《笠翁对韵》《百家姓》《千字文》与《千家诗》……都为学生作诗、填词、写赋、作文打好基础，在取得“温故而知新”教学效果的同时，更把中华优秀传统文化的精神品质渗透其中，这种隐性的教育和影响犹如春雨，“随风潜入夜，润物细无声”。

(二)也傍桑阴学种瓜——润泽成长

传统文化育人观更重视潜移默化、润物无声，也就是我们常说的“以文化人”。儿童的成长虽然受环境的影响，但来自家庭的教育、师长的启蒙引导才是促成儿童成长、成才的关键。这种认识在蒙学时期就已经开始不断地启蒙和引导，这些最初的教育形式也就是中华传统文化隐性课程的始端。下面，我从几个耳熟能详的小故事讲起，以感受传统文化对儿童成长的隐性影响。

1. 王献之依缸学书——勤学不辍，方得始终

作为“书圣”王羲之衣钵传人，王献之自幼天赋秉然，但依旧非常勤奋，“十八缸水”的故事在民间流传甚广。据说，王献之年少时写的字就非常好，很是得意。有一次，王献之把字拿给母亲看，母亲说有点儿贴画的感觉了。后又练了一年，他又写出一幅字给母亲看，母亲又说银钩有点感觉了。又过了大半年，他挑了其中最满意的一幅给父亲看，王羲之只在“大”字下加了一点。他不明所以，便拿给母亲看，母亲说：“很好，尤其是‘太’字下面的一点，最像你父亲。”王献之听后，知道自己的书法水平与父亲比还相差得远呢。然后，王献之去向父亲请教写好字的秘诀。父亲指着园里的十八口大水缸说：“秘诀就在这十八口大水缸里，你把这十八口大水缸里的水写完就知道了。”从此，王献之更加发愤努力，刻苦练字，成为“小圣”。

从王献之的故事中，我们可以得到以下几点启示。

第一，家庭教育和环境的影响对一个人的成长是潜移默化的。两晋时期，琅琊王氏人才辈出，家庭教育和环境的影响是不言而喻的。以王献之为例，其叔祖王导素有书名，其父王羲之更是名冠天下，世称“书圣”。除此之外，其叔伯兄弟多善书法。母亲郗夫人也出自名门，从她对王献之书法的点评就能看出她学养深厚造诣非凡。在这样的环境中耳濡目染，少年王献之的眼界和格局是非同一般的。特别值得一提的是，在这样的家庭中成长起来的王献之，没有在宠溺中迷失自我。身为父母的王羲之和郗夫人总是在孩子最需要引导教育的时候，给予正确的指导和教育。例如，在志得意满时的客观评价，不一味纵容；遇到困惑时及时指点迷津，让少年王献之树立正确的求学态度，知道应该怎样做才能取得成功。

第二，出身的尊贵并没有让王献之沉迷，反而有父辈的榜样让他更知道勤奋的重要。所谓“书山有路勤为径，学海无涯苦作舟”，“依缸学书”“十八缸水”所代表的是长年的勤奋、毫不懈怠的努力。

2. 少年岳飞家贫力学——志存高远,向内生发

岳飞作为中国历史上的一代名将,武穆精神流传甚广,有华人的地方几乎没有不知道岳飞的威名,从某种层面上讲,《满江红》中所传递出的“铁血丹心”堪称中华的脊梁。

少年时代的岳飞,家贫无力读书,是什么让一个穷苦的孩子有机会走上历史的舞台,铸就其“八千里路云和月”的丰功伟业呢?原因主要有两方面:少负气节,沉默寡言(性格方面);家贫力学,尤好《左氏春秋》、孙吴兵法(行动方面)。

岳飞少年时代,家里贫穷,无力供他上学读书。但在母亲的教诲下,少年岳飞非常懂事且勤奋好学。在买不起纸和笔的情况下,削树枝做笔,在沙泥上识字练字。后来,在一次偶然的机会,遇到恩师周侗,在老师的指点下,习文练武,孜孜不倦、勤学苦练,为其后来施展本领、报效国家奠定了坚实的基础。

从少年岳飞家贫力学的故事中,我们看到立志向学、自强不息对一个人成长、成才的重要作用。荀子的“勤学不辍”、曾子的“君子弘毅”、孟子的“大丈夫”品格,在岳飞的身上都能看到。

3. 千年一叹伤仲永——受之于天与受之于人

北宋王安石在他的《临川先生文集》记录了《伤仲永》的故事:

金溪有个叫方仲永的人,家中世代以耕田为业。仲永长到五岁时,不曾认识书写工具。忽然有一天仲永哭着索要这些东西。他的父亲对此感到诧异,就从邻居那里把那些东西借来给他。仲永立刻写下了四句,并自己题上自己的名字。这首诗以赡养父母和团结同宗族的人为主旨,给全乡的秀才观赏。从此,指定事物让他作诗,方仲永立刻就能完成,并且诗的文采和道理都有值得欣赏的地方。同县的人们对此都感到非常惊奇,渐渐地都以宾客之礼对待他的父亲,有的人花钱求取仲永的诗。方仲永父亲认为这样有利可图,就每天带领着仲永四处拜访同县的人,不让他学习。

明道年间,王安石跟随父亲回到家乡,在他舅舅家见到方仲永,他已经十二三岁了。作者叫他作诗,写出来的诗已经不能与从前的名声相称。又过了七年,王安石从扬州回来,再次到他舅舅家去,问起方仲永的情况,舅舅回答说:“他的才能消失了,和普通人没有什么区别了。”

该文题为《伤仲永》,文中却未见一个“伤”字,然而全篇写的正是一个“伤”字。一句“泯然众人矣”透着多少无奈与悲伤。然而,“伤仲永”的故事不禁让我们反思:外部环境对一个学生的成长固然重要,但最重要的还是个人的理想志趣、内化于心的学习动力。仲永父“利其然也”和“不使学”让“通悟”受之天也的

方仲永最后“泯然众人矣”，正是“唯环境论”的很好反证。因此，现代教育的育人目标、教育理念一定要建立在充盈内心、健全人格基础之上。

三、传统文化与班级文化的多元融合

中华传统文化涵养了中华民族的精神气质、文化底蕴。对于一所学校、一个班级来说，传统文化的影响力更是巨大的。从班级的日常管理到学生的言行举止、精气神，无不体现着传统文化的浸润。

(一)和而不同，培养班级凝聚力

前文介绍了“大家不同，大家都好”的教育理念，正如《论语》中所说的“君子和而不同”，但这里的“不同”却是为了最大的“求同”。现代教育尊重学生个性发展，正是为了让每一个学生都能更好地成长，同时在班级中找到自己的归属感。形成班级的凝聚力，其实也就是在这求同存异中逐步形成的班级精神合力。

(二)以文化人，塑造班级形象

传统文化的魅力之一就是以文化人。我们对一个人由内而外表现出的文化气质可以说“腹有诗书气自华”。那么，一个班级所表现出的文化气质就是它的班级形象。利用传统文化的丰富内容规范学生的行为习惯，改变学生的精神面貌，提升学生的品德修养，最终实现对班级形象的塑造。

(三)知礼向学，提升学生素养

校园不仅是学生学习知识和技能的场所，还是培养学生知礼向学，提升素养的地方。我们要充分发挥其对学生的立人导行作用，培养学生懂礼知礼，提升学生的素养。像诚信人格教育、和而不同的个性教育、勤学不辍的为学教育……时时处处都体现着传统文化的影响，在后面的章节中，我们还会做详细的介绍。

四、传统文化融入班级文化建设的路径

在班级文化建设过程中，教师起着重要的主导作用，因此，传统文化要融入班级文化建设，首先需要教师在思想上重视和观念上认同，并加强对传统文化的学习，提高文化素养，这样的班级文化建设才能更有质量和广度。除了班主任，其他任课教师也需要增加传统文化的知识量，在授课过程中，任课教师的一言一行都会潜移默化地影响到学生。

将传统文化融入班级文化建设的路径有很多，比如学校定期举办文化讲座，

邀请校内外传统文化方面的专家老师来校讲座;充分开发家长资源,依托家长学校,开设传统文化进校园的家长课堂;开展传统文化主题班会活动,把"中华时令课程""节日课程""文化名人课程""地域民俗课程"等内容融合拓展,不断开发班级传统文化课程。

班主任可以充分利用各种平台,加强传统文化路径的开拓和深化:

第一,从班级的角度讲,在建立班级制度时可以把儒家和法家思想结合起来运用,既能遵循以人为本的原则,又能严格管理。

第二,教室环境也是可利用的平台。可以在教室墙面上做传统文化宣传墙,由学生自己设计和负责填充内容,并且要求定期更换。这样学生既能在填充内容过程中学习到相关知识,又能在平时观看时无形中受到教育。

第三,从学校的角度,校园内很多场所也能成为传统文化宣传的平台。校园本身就是精神文明的体现,建设校园环境时融入传统文化元素,营造浓郁的文化氛围。此外,学校的图书馆也可以开展经典阅读、国学推荐等一系列"文化进班"活动。充分利用"图书漂流"这个平台,向学生宣传文化类书籍,鼓励学生增加阅读量。

第四,从信息化的角度,新媒体已经成为便捷有效的可用平台。网络给人们的生活提供了很多便利,同时,也是文化传播的有力平台。学校、班级都建立自己的微信公众号,传播优秀的历史文化和人物故事。此外,还有班级 QQ 群、微信群、微博等,可以组织同学们开展主题讨论。借助网络,将知识的传播变得更有趣味,更加受欢迎,使之成为教育学生的隐性课堂。

第五,班级文化建设离不开丰富、有效的班级活动和班级课程的构建。通过集体性的参与活动,能充分调动学生的积极性,增强凝聚力,增强班级荣誉感。通过参加班级课程的构建,学生还能够开阔视野,增长才干,充分培养主人翁精神和责任意识,知、情、意全面发展。以教师为主开发的班级课程、以学生为主开发的班级课程和以家长为主开发的班级课程,都立足于班级,关注学生的个体差异和不同需求,突出以生为本。结合传统文化,提升学生学习能力的同时,又重视培养学生健全的人格。借助班刊和班级微信公众号,将班级课程及班级文化建设与班级管理有效结合。班刊制作面向人人,每个学生都是小编辑;通过亲身参与和经历班刊的制作过程,让学生逐步学会自我教育、自我管理。没有任何的压力,学生享受创作的过程,用文字表达内心的喜悦和对美好生活的热爱。

五、传统文化与班级评价相融合

在班级文化中,不管是物质文化、制度文化、行为文化还是精神文化都会涉及评价。这是一个比较复杂的问题,涉及班级文化的评价总会让老师们有无从下手之感。评价体系的建构、评价维度的确立、评价指标的生成、评价内容的细化等都需要有一个完整的设计。那么，传统文化与班级的评价能否建立联系呢？我一直都在探索与实践中不断地研究、发现、总结。下面结合一个具体的案例进行分析。

陶行知先生提出“生活即教育”，传统文化教育深深地植根于生活。让学生拥有良好的道德情感、道德信念，首先要立足于中华优秀传统文化。深入学习习近平总书记有关“传承中华传统美德”讲话的精神，聚焦道德品质仁爱、自立、知礼、守信四个养成维度，我们构建了“小陶子”班级道德品质指标体系。（“小陶子”源于陶行知先生教育思想，是对陶先生精神的继承和创新，更是对中华传统美德的传承和发扬。）

在明确道德品质养成维度内容之后，我们明确了评价要点，细化了行为指标。为了实现让学生拥有良好的道德情感、道德信念，我们还搭建了道德品质养成平台。在实践中，“小陶子”道德品质养成平台依托学校综合素质测评平台，结合养成维度和评价要点，时刻关注学生行为指标的达成情况，通过学生自评、他评等多元方式，以发放奖章的形式，对学生的内化成长进行及时的评价认可，实现了个人与集体、个人与他人的多元互动，促进沟通，从而促成了学生道德品质的内化养成。评价结果以“数据＋报告”的形式保存，作为学生评优的参考依据，同时也对学生、家长开放，借助家校共育的力量，共同促进学生的品质养成，为学生的健全人格培养奠定基础。

据上所述，我们可以看到传统文化的影响无处不在。“小陶子”班级道德品质指标体系的构建，聚焦于传统文化“仁爱、自立、知礼、守信”四大维度，设立评价要点，细化行为指标，搭建“小陶子”道德品质养成平台。通过学生自评、教师评价、同伴评价、家长评价，实现个人与集体、个人与他人的多元互动，促进沟通，从而帮助学生实现其道德品质从外显于行到内化于心的转化，实现道德品质养成系统的闭环发展。这一系列的举措，都是建立在充分利用传统文化的基础之上。将传统文化与班级评价进行融合与拓展，是一种有效的创新形式，更是教育者在育人理想方面别具匠心的体现。

传统文化与班级文化的融合发展，可以说是历史的必然，也是时代的选择。作为中华传统文化的传承者，我们不仅要了解中华优秀传统文化的过去、知道现在的使命与担当，更要努力承担起架设中华民族优秀文化过去和未来桥梁的责任，使中华民族优秀文化能够一脉相承、源远流长。

今天，我们站在新时代的历史舞台之上，用祖先遗留下来的珍贵文化继往开来，在传承优秀传统文化的同时，更要把文明的火种播撒于华夏神州。从两千五百多年以前孔子开坛授课，到唐代书院兴起，中华文化如灿烂星辰在历史的舞台上闪烁着耀眼的光芒。书院文化的繁盛，为中华文明的传承做出了重要的贡献，对现代班级授课制、班级文化的形成也有着非常重要的影响。在班级文化建设中，我们要努力保留传统文化中优秀的因子，让其在新的时代依旧可以散发别样的魅力，绽放其“天地有大美而无言”的绝世风华，促进中华优秀文化的历史发展。

第三节 传统文化与班级文化之融合

“几处早莺争暖树，谁家新燕啄春泥”是朴素生活之美；“黄河远上白云间，一片孤城万仞山”是山川壮丽之美；“清风出袖，明月入怀”是书法艺术之美；“文采承殊渥，流传必绝伦”是文章之美……中华传统文化将山川自然之美融于文章书画之间，无时无处不释放着美的元素。先民更将这份对美的热爱与追求融于日常生活和认知理想。从嫘祖教会人们采桑养蚕织就天衣丝绸，到鸣沙山下莫高窟的旷古神作，从陆羽写书《茶经》把中华茶文化的悠远沉厚之美传播海内外，到徐霞客徒步天下以诗画文笔记录中华名山大川之神秀，更不要说《诗经》《楚辞》之华丽、汉赋唐诗之宏大、宋词元曲的清丽雅趣、明清小说的市井动人……从衣食住行到理想信念，中华文化无不打上美的烙印。两千多年来中国人的生活浸润在儒家文化之中，其“仁爱”“兼容”“和合”的主张时时处处影响着人们的生活与思想，对美的认识也多受其影响。今天我们谈传统文化与班级文化美育的融合，也就是对学生的情操教育和心灵教育的融合，既包含“和合文化”中“天人合一”的自然观、“和而不同”的价值观，也与《中庸》的“致中和”有异曲同工之处。

“中华优秀传统文化是中华民族的精神命脉，是涵养社会主义核心价值观的重要源泉，也是我们在世界文化激荡中站稳脚跟的坚实根基。增强文化自觉和文化自信，是坚定道路自信、理论自信、制度自信的题中应有之义。”①时代虽然在发展，但是传统文化中的许多精华在今天仍是适用的。特别是在教育教学中，将传统文化的“和合”思想与班级文化相融合，能够为学生的成长奠基。

一、传统文化与团队美的融合

我从垄上走过，垄上一片秋色，枝头树叶金黄，风来声瑟瑟，仿佛为季节

① 习近平：《在文艺工作座谈会上的讲话》，人民出版社2015年版，第25页。

讴歌。

我从乡间走过，总有不少收获，田里稻穗飘香，农夫忙收割，微笑在脸上闪烁。

蓝天多辽阔，点缀着白云几朵，青山不寂寞，有小河潺潺流过……

（《陇上行》）

这首《陇上行》是多少人年少时的美好记忆，和同学们一起秋游、一起野炊……这些温暖了一代人的记忆里有一个重要的元素是"和同学一起"。所谓团队之美，其核心是和合文化背景下环境的影响和同伴文化的和谐美好。

（一）传统文化视域下环境育人中的美的元素

中国传统绘画和书法艺术中都讲究留白，所谓"计白当黑"，使整个作品更加协调精美，也被誉为"美的最高境界"。正如唐代诗人李山甫所说："有时三点两点雨，到处十枝五枝花。"（《寒食二首》）在这经意与不经意间"美"即生成。教育的影响亦如此。少年的学子很容易受环境的影响，不只是雨水山花，还有街口的喧哗、向晚的微风、尚满天的红霞、悠悠芳草和歌声……这些都将成为孩子的一部分，成为影响其价值观形成的重要因素。

1. 墨子与"素丝说"

环境对于人的影响的重要性在两千多年以前的先秦时期就已被提出。墨子的"素丝说"云："染于苍则苍，染于黄则黄，所入者变，其色亦变，五入必（毕）而已则为五色矣。故染不可不慎也。非独染丝然也，国亦有染，非独国有染也，士亦有染。"（《墨子·所染》）

墨子以素丝和染丝为喻，来说明人性的改变和形成。在墨子看来，人性不是先天所成，而是如同待染的素丝一般。至于后来，下什么色的染缸，才最终染就成什么颜色的丝。借此比喻说明环境与教育对人的影响。这一思想的提出，较之孔子的人性论在社会意义方面有了进步，因此，它从人性平等的立场出发去认识和阐述教育的作用。

墨子的"素丝说"所阐述的是一种教育的朴素之美，重点阐述的是环境对人成长的影响。

2. 荀子的"环境育人"思想

荀子的"环境育人"思想对后世影响巨大。荀子在《劝学》一文中写道："蓬生麻中，不扶自直。白沙在涅，与之俱黑。"这句话表达的是环境对植物以及人的巨大影响力，比喻在好的环境里，自然也会得到健康成长，用以劝学，其意深远。

3. 孟子的“以身立教”

孟子是继孔子之后的儒家思想集大成者，其“仁爱”思想影响中国文化两千多年，“大丈夫”品格更是世代读书人的理想典范。人们在品读《孟子》思想的同时，也津津乐道于他的成长经历。“孟母三迁”的故事，家喻户晓。孟母为了给孟子良好的教育环境，煞费苦心。《三字经》里说“昔孟母，择邻处”，现在多用于指父母用心良苦，竭尽全力培养孩子。

（二）传统文化视域下同伴文化中的“和谐之美”

早在先秦典籍《尚书·舜典》中就有“八音克谐，无相伦也，神人以和”的记载，《左传·襄公十一年》中也有“如乐之和，无所不谐”。其后，“和谐”逐渐成为一个有着丰富内涵的哲学概念，进而演变为中华传统文化的核心价值和中华民族重要的民族精神。在班级文化中“和谐之美”美在“友善”、美在“宽容”、美在“诚信”、美在“互助”……“和谐”让同伴关系有了更深层的文化，让美好的种子深植于学生的内心。

1. 和谐之美，美在友善

在人与人的关系上，中国传统中的“和合”文化主张“和为贵”，宽和处世，从而创造人际和谐的社会环境。《尚书·尧典》中就有人与人之间应当如何和谐相处的记载。孔子一生都在研究人际关系，不但提出了“和为贵”的价值取向，而且提出了忠、孝、诚、信、敬、爱、仁义、道德等准则。孟子也十分重视人与人的和谐关系，提出“天时不如地利，地利不如人和”（《孟子·公孙丑下》），并以“性善论”为基础阐述人和思想，认为只要把人的先天本性推及每个人，就能建立“老吾老以及人之老，幼吾幼以及人之幼”（《孟子·梁惠王上》）的和谐社会，从而实现“人不独亲其亲，不独子其子”（《礼记·礼运》）。

同伴之间的和谐关系，重在相互之间的“友善”。“友善”可以改善同伴间的关系，促进同伴之间相互学习、取长补短，从而实现学生的共同成长。

有一年春天，学生们参加为期一周的户外拓展活动，要离开家到拓展营地过集体生活。开始学生们非常兴奋，因为这是他们第一次离开家和小伙伴们在一起。但最初的热情褪去之后，随之而来的就是想家和不适应，甚至有些孩子开始以不舒服为借口要求家长来接回家。但说来奇怪，问题几乎都出在男生团队，女孩那边却非常和谐。每天晚上，男生那边还是鸡飞狗跳，需要教官以出来看看星星为理由，到院里来罚站军姿反省，有时要折腾到深更半夜才能消停。但女孩那边9点去查房的时候已经安安静静熄灯入睡。偶尔看到我去查房，会趁着教官不在撒娇让我和她们说说话，美其名曰“睡前故事”……

这个案例不禁让人思考为什么同样大的年纪男生那边“是非不断”，从早到晚上演着各种小闹剧，而女生这边和谐美好的像童话故事呢？后来总结了一下，原因有三。

(1)生活自理方面女生相对男生要独立，因此在生活方面女生比男生适应快，尤其是在套被罩、铺床叠被这些有点技巧的生活能力方面，女生做得比男孩好。

(2)女生团队集体意识比男生较好，遇到困难，小姑娘之间会很自然地互相帮助，同学之间的相互友善让集体生活和谐美好。

(3)女生学习新的知识比男生沉住气，不会可以请教小伙伴。

其实，综合起来说，就是女生这种相互团结、互相帮助的意识，使其在相对陌生的集体活动中能够抱团取暖。

当然，此案例只是就问题做分析，不存在对男生、女生性别因素的评价。处在成长期的孩子，有不同的性格特点和习惯，不存在原则意义上的好与不好。但在对现象本身的观察中，我们鼓励、引导同伴之间建立和谐关系，相互学习、取长补短，构建充满友善的同伴关系。

2. 和谐之美，美在宽容

小学阶段是学生人格养成的关键时期，因此，学生之间的宽容相处，不仅是培养和谐同伴关系的关键要素，更是学生“成人”教育不可或缺的内容。

乐乐是一个非常有人缘的孩子，不管男孩、女孩都可以和他玩得很好。有时候站在旁观者的角度去观察，感觉小小年纪的他，身上仿佛有一种神奇的力量，可以把不同性格脾气的孩子聚集到他的身边，每个人仿佛都可以信任他，可以向他倾诉自己的开心和不开心……有一次，我和乐乐聊天，对他的好人缘给予称赞。乐乐很不好意思地说：“老师，其实不是我有多好，而是我比较安静，他们有什么话想和我说的时候我都会耐心地倾听，多数情况下我都不会太在意他们的小脾气，因为不开心的时候人总是会有情绪的，这些情绪并不是针对我，所以我也没必要计较。”听完乐乐的这些话，我实在是感觉这个孩子太通透了，这种接纳和共情的能力是如何培养出来的呢？后来我一直留心观察这个小家伙，发现他的原生家庭对他的影响特别大。乐乐的爸爸妈妈都是非常热心的人，在家长当中威信很高，几乎与班里的所有家长都能相处得很好，究其原因，很多家长都反映：乐乐的父母很善良，也很大度，从来不斤斤计较。这种大度与宽容就是父母遗传给他的吧！

常听很多学生抱怨说:“那个谁谁谁特别小气,总是斤斤计较,和他在一起玩特别没意思。”孩子的世界的确是今天吵架,明天又和好。但所有的人都希望自己能有朋友、受欢迎,希望得到别人的认可和接纳。但只是希望和抱怨是解决不了问题的,更多的是需要引导,让学生学会宽容待人,正如孔子所说的“宽厚处世,协和人我”,帮助学生创造和谐的人际环境。

3. 和谐之美,美在诚信

诚信是美德,同时也是学生获得进入“和谐同伴关系”的入场券。这里有个小案例,是真实发生在学生之间的一个小故事。主人公小凯是个非常聪明但又很有性格的小男孩,平时和小伙伴相处时不是很和谐。因为聪明,成绩还不错,所以很“自命不凡”。但因为有些“小霸道”,所以同学们对他都敬而远之,很多时候他都是独来独往。虽然嘴上不说,但相信小凯心里应该是很郁闷的。然后就有了后面的故事:

有一次教室的门打不开了,同学们说是小凯用三角尺开门,结果尺子尖断在里面,导致最后只能换了教室门锁。最初小凯矢口否认,但飘忽的眼神出卖了他,经过一番思想斗争,小凯还是承认了这一错误,尽管同学们最初很生气,但鉴于小凯最终承认了错误,比较诚实,大家还是原谅了他。从那之后,小凯也有了很大的变化,对同学们不再那样疏离,很多班级的活动也积极地参与,似乎从这时候开始,他才真正融入集体。

很多年以后,小凯小学毕业升入一所重点中学,有一次教师节收到他寄来的一封信,其中有一段是这样写的:“很感谢在我不懂事的时候老师和同学们对我的包容,那一次‘三角板事件’我认为我完了,肯定同学们以后都会瞧不起我,我真不知道以后该怎么在班里立足。但那个冬天没有那么冷,老师和同学们的宽容让我很汗颜,之前搞的那些恶作剧的确是想引起老师和同学们的注意,但我的自我任性,给班里添了这么多的麻烦,但老师没有抛弃我,同学们还愿意接纳我,能在这样的班级里,真的很幸福。”

仔细分析一下,给小凯那张融进班集体入场券的不是别人,而是他的诚实、他敢于面对错误的态度,使他赢得同学们的原谅和接纳。

因此说,诚实也是促进同伴关系和谐之美的重要元素。

4. 和谐之美,美在互助

在一个班级里,学生之间的同伴关系好与不好,只要看他们之间是否有合作互助的默契就能了然于心。为什么这样说呢?因为班级就像是一个大家庭,学生朝夕相处所表现出的情感就渗透在生活的点点滴滴当中。同伴的默契就在你帮我把歪了的桌子摆好、我帮你把掉落的书本捡起……学校生活中这样的例子真的是不胜枚举。试想在一个班级里，同伴之间相互关心、相互帮助，这个班级一定是和谐而温暖的，每一个生活在这种集体氛围里的学生都是幸福快乐的。

“给学生一个可忆的童年，让教室成为可回忆的地方”，这种教育的理想能否实现，很重要的一点就是这个班级、这间教室里是否处处洋溢着“和谐之美”。同伴之间的友善宽容、诚信互助，使同学们在收获友情的同时，更让他们从小种下向善、向美的种子，实现和谐美育的培养。

二、传统文化与个性美的生发

中国传统文化源远流长，从古至今始终以其独特的魅力影响着中华儿女以及周边国家的人民，在个人修养方面更是十分显著，促进了传统文化与个性之美的生发。

（一）源源活水与生命本源——传统文化对个体生命的涵养

“问渠哪得清如许，为有源头活水来。”（朱熹《观书有感二首》）自从有教育活动以来，人们就不断寻求教育的真谛和价值，寻求什么是好的教育。这种寻求其实可以说就是对教育本源的寻求，对生命涵养的追问。历经千年，人们在不断追求“教育的本源”的过程中上下求索。先知的智慧告诉我们，理想的教育必须着眼于人，着眼于人的全面发展。这其实就是中华传统文化教育对生命的最好涵养。

（二）和合相生，美美与共——传统文化的个体修养之美

中国传统文化讲究修身之道，也重视为人处世之道。“和合文化”对于传统文化的个体修养之美有着深远的影响。“和”的精神，是一种承认、一种尊重、一种感恩、一种圆融。“和”的基础，是和而不同、互相包容、互相存异、共生共长。“和”的途径，是以对话求理解，和睦相处；以共识求团结，和衷共济；以包容求和谐，和谐发展。“和”的佳境，是各美其美，美人之美，美美与共，天下大同。

（三）寻找发现美的眼睛——学会欣赏是一种内化修养

中国传统文化对于人的培养是极富智慧的，不仅要求人格完善、内外兼修，更要求“达德”，即“知者不惑、仁者不忧、勇者不惧”。除此之外，还要懂得“天下皆知美之为美”，学会欣赏是人内化修养的一种重要表现。朱光潜先生在《谈美》一书中说道：“美之所以为美，则全在美的形象本身，不在它对于人群的效用。阿尔卑斯山谷中有一条山路，路两旁景物极美，路上插着一个标语牌，劝告游人说，

慢慢走，欣赏啊，许多人在这车如流水马如龙的世界过活，恰如在阿尔卑斯山谷乘汽车兜风，匆匆忙忙地急驰而过，无暇一回首流连风景，于是，这丰富华丽的世界，便成了一个了无生趣的囚牢，这是一件多么惋惜的事啊！"[①]对于风景我们要学会欣赏，对于身边的人和事同样也需要用一种欣赏的眼光来看待。"欣赏他人，即是庄严自己。"所谓一花一世界，一树一菩提，世界所现，全都与己相关。只有这样，生活才能变得有趣，世间花草才能在人的眼中和内心彰显美的色彩。

教学生学会欣赏别人，就是送给学生自励成长的不竭资源。如何做到呢？这是一个非常值得思考的问题。

唯物辩证法告诉我们，无论什么样的人，总有两面性。教学生学会从别人的优点去关注，会受益无穷！下面的案例就是一个很好的例证。

辛欣同学喜欢上了长笛，但开始学习的时候总吹不好，引来周围同学的笑话。辛欣有些气馁，也想过要放弃，但后来在老师的鼓励下坚持了下来。老师也适时引导同学们看到辛欣持之以恒、永不放弃的优秀品质，给予了辛欣更多的表扬和鼓励。这种鼓励是一种无形的力量，让辛欣树立自信，演奏水平有了很大的提高。同学们也在相互的交流沟通中更加和谐地相处。

学会欣赏是一种内化修养。小学生受自身知识技能结构等多方面因素所限，思想行为没有系统的理论指导，要教他们学会欣赏别人，能及时抓住即发现，教他们学会发现别人的优点所在，就显得更为重要。[②]

教学生学会欣赏别人，很重要的一点就是"正己"，产生自励的效应。当我们向别人说出"你真是好样的"那一刻，当我们领悟到别人精彩处之奥妙的时候，我们已经在无形中为自己找到了新的奋斗目标。教学生学会欣赏别人，还要教学生学会把自己与被欣赏的榜样联系起来，把对别人欣赏得到的感悟转化为自身的素养。

教学生学会欣赏别人，有规律可循，但无定法可依，关键在于抓住即发的时机来进行，养成欣赏别人的习惯，无论是心理的发展，还是智力的发展，都将帮助学生成为更好的自己。

三、传统文化与班级课程中的"美"

学校美育始终贯穿在所有的课程之中，教师要善于挖掘美的因子，对学生进

---

① 参见朱光潜：《谈美》，生活·读书·新知三联书店 2012 年版，第 235 页。

② 参见邓云萍：《教学生学会欣赏别人》，《中国校外教育》2015 年第 5 期。

行审美教育，如诗词的形式美、绘画的色彩美、书法的线条美等，还要对学生进行审美能力的培养①，在传统文化视域下发现课程中的"美的元素"。

（一）发现科学之美

科学之美的含义有两种：其一，指科学本身的美；其二，指科学所揭示的自然之美。科学美属于广义的社会文化美，它是审美存在的一种高级形式，是在理性探索未知的活动和科研最终成果中所具有的审美价值形式。科学领域的每一次成功发现和每一项创造发明，都会带给人们精神的满足和情感的愉悦，这就是科学美。

人们在对自然的研究中发现了美，并对之不断追求。《庄子·知北游》说："天地有大美而不言，四时有明法而不议，万物有成理而不说。圣人者，原天地之美，而达万物之理。"在科学史上，科学理论被比作艺术品的例子不胜枚举。麦克斯韦关于气体动力学的论文更被人们当作"一幕优美的音乐演出"来欣赏；杨振宁教授感悟道："物理学大师们小心翼翼地揭示出壮丽的自然本质之美时的感受，大约像构建哥特式教堂的建筑大师对那种崇高美、灵魂美、宗教美、最终极的美的虔诚颂。"②引导学生发现科学之美，初步感受科学魅力和日常生活所给予的美的样态，初步理解"科学美的预见功能是指科学知识的延伸，它使科学面向未来"。

（二）发现数学之美

"发现数学之美、感受数与形的调和美感、感觉几何的优雅……这是所有真正数学家都知道的真正美感。"诚如所言，数学具有极强的美感，只是很多同学没有发现而已。引导学生去发现、去感受、去体会、去理解数学之美，也是教育美学的一部分。

例如，让学生去发现数学的统一之美、数学的对称之美、数学的简洁之美、数学的历史之美……不得不说，中国数学的光辉历史和杰出成就，是中国文化的重要组成部分，在数学的实践和认识进程中，无数中国数学家为了探索真理皆以科学务实的精神，百折不挠，奋力拼搏，留下了许多可歌可泣的故事。中国伟大的数学成就更是弘扬爱国主义精神、催人奋发的好素材，对激发民族自尊心大有裨益。

---

① 参见陈建民：《加强美育工作，弘扬中华优秀传统文化研究》，《成才之路》2019 年第 28 期。

② 江鸣：《科学是美丽的》，《光明日报》2001 年 6 月 25 日。

（三）发现语文之美

语文之美，美在“诗情画意”，美在“内秀华章”。让学生学会欣赏语文之美，品读文字带给我们的审美享受，必能增强学生自身的美感体验能力，陶冶学生的情操，从而让学生的自身素养得到提高。因此，现代教育要引导学生学会欣赏语文之美。

1. 发现语言之美

美丽的语言，常常使人如品香茗，如酌陈酿，余香满口，回味悠长。在语文课堂上，我们随时会被《念奴娇·赤壁怀古》的雄奇博大、《锦瑟》的凄美幽怨、《一剪梅》的清丽深情所震撼。它们的美曾让多少学子沉醉其中。

走进朱自清先生的《荷塘月色》，荷香清雅、清韵动人，荷塘月色之美仿佛已经透过文字沁人心脾。“月光如流水一般，静静地泻在这一片叶子和花上。”一个“泻”字写活了月光，营造了一个朦胧纯美的意境。塘中的月色并不均匀，但光与影有着和谐的旋律，如梵婀铃上奏着的名曲。“光”与“影”是视觉可见的画面，把它移植到听觉上，好像听小提琴名曲一样，这样就把月光的恬静写了出来，给人一种回味无穷的深邃美感。[①]

“美育是通过对美的感受，引起感情的激荡，造成感情的共鸣，在愉悦中受到教育。”其实，在我们的语文课本中有许多这样文质兼美的名篇，只要细细品味，定能在心中荡起美的涟漪，成就一片美的天地。

2. 发现意境之美

在语文学习中，很多时候我们会发现，一篇优美的课文就是一幅让人玩味的图画。例如，作家陈淼在《桂林山水》一文中描绘了一幅至美的山水画卷。文章以“桂林山水甲天下”开篇点题，吸引读者，接下来分述漓江水的“静、清、绿”，桂林山的“奇、秀、险”，使桂林山水与众不同的特点更加鲜明、突出。最后一段又无比深情地表达了作者对这甲天下的美景的由衷赞叹：“这样的山围绕着这样的水，这样的水倒映着这样的山，再加上空中云雾迷蒙，山间绿树红花，江上竹筏小舟，让你感到像是走进了连绵不断的画卷，真是‘舟行碧波上，人在画中游’。”如此美景，怎能不令人神往……

3. 发现情感之美

刘勰说：“观文者，披文以入情。”好的文章都是作者的真情流露，走进文章，走进作者的内心，体会作者的情感，我们往往会被深深地打动。走进李清照的《声声慢》，在“凄凄惨惨戚戚”的叹息声中我们能体会到女词人的愁苦心境。流

---

① 参见吕庆新：《美育与德育、智育、体育的关系》，《中国校外教育》2015年第25期。

亡之苦、亡国之恨、丧夫之痛充斥她的内心，年少时“和羞走，倚门回首，却把青梅嗅”的天真烂漫全然无踪，愁苦与悲凉萦绕于心，令人痛彻心扉，不由得从内心深处与女词人同叹同悲。其情感至苦，点点滴滴地洒落在“满地黄花”“梧桐”“细雨”之中，却也至美。

4. 发现道德之美

对真善美的追求一直是我们内心执着的信念，而有着强烈人文因素的语文学科在这方面对学生起着独特的引导作用。关注语文课文传递出的道德美，有助于培养学生高尚的品格，陶冶情感，增强社会责任感。杜甫的忧国忧民之心，岳飞的精忠报国之志，马丁·路德金对自由、平等的执着追求无不感染着一代又一代的学子。小学语文课本中有一篇《万年牢》给人留下了深刻的印象。作者在文中用质朴的语言讲述了父亲虽然生活在社会的最底层，但他坚守自己的道德底线，那就是做糖葫芦用料实在，绝不偷工减料，讲诚信。同时，他还教育女儿做人也要本分、实在。父亲的言传身教是给子女最好的教育。

语文的美或飘逸，或持重，或灵动，或沉静，丰富多彩，博大精深。带着对语文美的欣赏走进课堂，我们不仅能学懂语文，更能丰富人生。

四、传统文化与班级活动中的美

学校是育人的场所，是精神文明的摇篮，美育是教育的最佳境界。和谐、民主、科学是现代中学生的必需。学科之美，美在它赋予知识以灵秀与价值。班级活动中的“美”又有哪些呢？

（一）团结的力量

利用活动培养学生的团队协作精神，使其在思想上充分意识到团结和协作的重要意义；在具体学习过程中，帮助学生正确处理团结协作和竞争之间的关系，提高其沟通能力以及解决实际问题的能力。一个好的班级是全体同学一起造就的，没有大家的共同努力，想成为好的班级是不可能的。翻开历史长卷，我们都体会到一种强大的团结力量：刘邦重用张良、韩信、萧何得以创建帝业，刘备重用诸葛亮、关羽、张飞、赵云得以建立蜀汉与曹魏、孙吴三足鼎立。历史神话小说中关于“团结就是力量”的例子也比比皆是：唐三藏西天取经，如果没有孙悟空一路降妖除魔，猪八戒、沙和尚鞍前马后，岂能取得真经度众生？帝王也好，好汉也罢，古今中外，单凭个人力量，很难成就一番事业。只有团结协作，齐心协力才能最终成功。

（二）奋斗的精神

《易经·乾卦》开篇第一句就是“天行健，君子以自强不息”。在班级活动中，我们在培养学生团结友爱、相互协作的同时，也要培养学生坚强的毅力、自强不息的精神。例如，运动会赛场上，我们鼓励每一位运动员要奋力拼搏，不仅是为个人赢得荣誉，更是为整个班集体努力拼搏。这种精神的背后有中华传统文化的力量支持，它蕴含了“士不可以不弘毅，任重而道远”的精神品质，更有孟子“大丈夫”的精神内涵。这些历经千年依旧生生不息的中华精神，是民族脊梁挺立的精神源泉。

（三）可贵的友情

友情是夏日的凉风、寒冬的暖炉，让孩子从小学会与同伴友爱相处，体会友情的愉悦，是学校教育非常重要的内容。在学科教学中，我们就要充分利用教材内容的育人优势，开展适宜培养学生合作精神与友爱之情的教学活动，让学生在班级这个小集体中锻炼自己、改变自己，养成良好的学习习惯，明白合作对于成功的作用，体会合作带来的友爱。

例如，在美术课“小蝴蝶（纸雕）”的课堂上，学生大部分只带了一种颜色的卡纸。通过老师的启发，学生讨论决定分组合作，实现材料互通有无、技法互帮互学，结果自然是皆大欢喜。就在这样一次次的合作学习中，学生经过讨论、合作、融洽，建立了友谊，培养了合作意识。

传统文化与班级文化美育的融合让教育之美更加光彩夺目、绚丽无比。不管是传统文化与团队美的生发融合，还是传统文化与个性美的相得益彰，教育立美，就是按照教育规律和“美的规律”实践地创造教育自身的美，使教育从教师到教材教学、班级管理、教室环境等一切都是美的。“把美育融入学校教育全过程”，使走进教育的人同时走进美，让师生在美感愉悦、自由、快乐中教与学、生活与成长。

第五章 班级管理渗透传统文化的策略

习近平总书记说:“要认真汲取中华优秀传统文化的思想精华和道德精髓,大力弘扬以爱国主义为核心的民族精神和以改革创新为核心的时代精神,深入挖掘和阐发中华优秀传统文化讲仁爱、重民本、守诚信、崇正义、尚和合、求大同的时代价值,使中华优秀传统文化成为涵养社会主义核心价值观的重要源泉。”“要处理好继承和创造性发展的关系,重点做好创造性转化和创新性发展。责任感和使命感让我们更坚实,扎根在中华民族优秀文化的土壤中让我们更厚重!”[①]在历史的长河中,曾经有多少璀璨如明星的风流人物最终都隐于流水,但文化的积淀却随着时间的推移越来越厚重,影响着一代又一代的中华儿女前赴后继,融入血液,化为日常。我们在研究班级文化的过程中发现,班级文化的方方面面都渗透着传统文化,它影响着班级群体价值观的形成,彰显着“和合之美”的传统文化魅力。

本章内容我们重点从“和合”文化的角度入手,站在学校教育层面,在班级管理中渗透中华文化的内容,能有效地帮助学生树立良好的道德观念和行为习惯,在潜移默化中了解中华文化,并受此影响形成独特的自身气质。在这样的氛围中,班主任的班级管理工作也会更容易开展。[②]

第一节 日用而不知的传统文化

中华优秀传统文化中的“和合”文化不仅是一种道德理想或者一种观念形态的文化,更为重要的是它已经深入人们的日常生活,成为中国人特有的生活方式、思维方式和道德观念。用中华优秀传统文化涵养新时代少年的道德品格,我

---

① 《习近平谈治国理政》,外文出版社 2014 年版,第 164 页。

② 参见刘琦斌:《如何在班级管理中融入中华传统文化》,《新课程(小学)》2019 年第 7 期。

们要重视研究学习借鉴中华优秀传统文化“日用而不知”的教化机制。

一、融入精神世界的“和合”文化

中华传统文化是中华民族在与自然长期的交流生活中所积累下来的物质和精神事物的总和，可以说它是中华民族的精神和灵魂，是中国人无法舍弃的东西。因此，在当代的中小学思想教育中，愈发地提倡渗透“和合”文化的思想，让中小学生懂得和学习传统文化，进而树立起积极、健康、向上的思想价值观念。但是，随着社会的不断发展和对外融合步伐的加快，学生更多地受到西方文化的影响，很多学生对复活节、情人节、万圣节的内容了解得很多，但是对于自己国家的端午节、元宵节、清明节等节日所知甚少。再加上受外部思想影响，很多学生都会有追星、攀比、炫耀的想法，而中华民族长久以来形成的礼让、谦逊的品质却没有在学生身上得到体现。长此以往，这对于学校教育来说是一大威胁。因而，要想在学校教育中做好“和合”文化的渗透，将其与学生的思想价值培养相融合，是一个很好的策略。

1. 传承文化基因，培育学生的公民意识和责任担当

中华民族传统文化在漫长的历史发展中形成了爱国主义的优良传统，并在此基础上凝聚成伟大民族精神，这种宝贵的文化“基因”在新时代中得到延续。提升学生的公民意识和责任担当，就要从培养学生的国家意识和责任意识着手。以“苟利国家生死以，岂因祸福避趋之”的民族担当，以“位卑未敢忘忧国”的匹夫之责，以“先天下之忧而忧，后天下之乐而乐”的忧患意识，引导学生从小热爱祖国的优秀文化，热爱国家的草木寸土，未来才能主动承担起推动实现中华民族伟大复兴的民族使命。

2. 立德树人，弘扬传统道德文化

《礼记·大学》中记载“德者，本也”，表明了道德修养是立人、立身之本。随着外来文化的不断涌入以及社会物质环境的深刻变迁，社会中复杂的道德现象不断刷新着人们对道德底线的认识。因此，在学校教育中，我们要努力培养学生的道德行为、道德品质、道德自觉，实现从“外好”到“内好”，最终实现学生的“道德自觉”，在细节之处展现道德情怀，形成积极向上、向善的道德力量。

3. 塑造优秀家风文化，引导学生向上向善

“天下之本在国，国之本在家”，家庭是社会最基本的单位，是展现社会道德情感和水平的微观载体。古往今来，中华民族涌现出无数予人启迪的家风文化，如以“修身，齐家，治国，平天下”为核心道德理想的钱氏家训，主张“进德修业二者不可或缺”的曾国藩家训等，其中关于家庭建设、社会贡献、自我修身的无穷智慧，为新时代的道德家风塑造提供了有益的启示。古人云：“少成若天性，习惯如

自然。”一个人的道德修养并非朝夕之间养成，而是需要从小接受家庭道德文化的熏陶，坚持家风教化，久久为功。

4. 传承自然文化，提升学生生态道德修养

中华传统文化理念素来追求人与人、人与自然的和谐共存，自然哲学也成就了传统文化的灿烂篇章。“天人合一”“道法自然”等醒世名言道尽了朴素的自然关怀，深刻启迪着当代人的生态环保意识。随着人类社会生产力的提升，人们对物质的庞大需求给自然生态带来了严重的危机。中国与中国公民有责任为创造人类命运共同体而努力奋斗，通过主动承担生态责任、践行生态道德，将“天人合一”思想转化为切实的行动，努力从传统生态文化中寻找生态智慧，进一步摆正自我在社会、在宏观生态自然体系中的角色和位置。①

弘扬传统自然文化，培育学生生态信仰。注重加强对垃圾分类、低碳出行、绿色消费等内容的基础教育，将传统自然文化融入生活细节之处，使天人和谐共存的崇高信仰转化为新时代公民修养的内在基础。

二、融入学生学习生活的“和合”文化

（一）传统文化元素渗透学生的校园生活

如何将传统文化渗透于学生的校园生活？比较直接的办法就是利用好班级文化建设和环境布置，可以将其与传统文化进行有效融合，让学生在一个具有中华文化氛围的环境中学习，也更有利于文化元素的渗透和班级管理。例如，在学校教室、走廊及公共场所张贴古代先贤语录、国学经典语录；在校园内的展示墙公告栏乃至建筑设计上都可宣传中华优秀传统文化。可以定期组织学生进行班级文化主题的布置。如在传统文化课教授与京剧相关的内容之后，可以组织学生学会画京剧脸谱，然后将这些脸谱挂在教室墙壁合适的位置，进行相应的布置，课间时可以让学生互相对自己的脸谱进行介绍。还可以组织与中国画、书法、剪纸等相关的活动，在活动完毕后将学生的作品布置在教室中，这更能激发学生的兴趣和参与性。

（二）非遗文化走进学生的课堂生活

非物质文化遗产简称“非遗文化”，是指各族人民世代相传，并视为其文化遗产组成部分的各种传统文化表现形式，以及与传统文化表现形式相关的实物和场所。非遗文化是一个国家和民族历史文化成就的重要标志，是优秀传统文化

① 参见董颖：《以传统文化浸润人民的精神家园》，《人民论坛》2018年第14期。

的重要组成部分。

让非遗文化走进校园，是传承和保护非物质文化遗产的一条可行而重要的途径。只有让更多的学生了解、学习和喜欢上非遗文化，不断夯实文化根基，才能保证非遗文化长盛不衰。近年来，随着非遗保护工作的不断推进，非遗进校园正式成为一种常态的教育。很多学校将非遗项目纳入校本课程，并定期邀请非遗传承人走进课堂，与学生面对面。在这一过程中，学生便能近距离体验、感受非遗文化的独特魅力，激发其对传统文化的热爱，提高他们保护、传承非物质文化遗产的意识。

让非遗文化走进学生的课堂，是传统文化教育融入学生生活的一种有效形式。在此重点介绍一下“形意拳”和“中药文化”进校园的影响价值。

1. 魅力无双的形意拳

中华武术是我国传统文化的瑰宝，是中国非遗文化的重要组成部分。形意拳是中华武术的一部分，它吸取道家的哲学和养生之精华。形意拳，又称行意拳、心意拳、心意六合拳，是中国传统武术，与太极拳、八卦掌齐名，同属内家拳。其打法多直行直进，与八卦之横走、太极之中定有显著差别。形意拳之短打直进用于战阵中最为适合，无花俏之招法，长劲亦是最快。两军交战，千军万马中，要能有闪转腾挪之地不易，只有直行直进，走亦打，打亦走，如黄河之决堤。将形意拳引进校园，让学生有机会接触中华传统武术，既能强身健体，更是对中华传统文化的继承与发展。

在学习过程中，结合学生的认知特点，制订详细的学习计划，由浅入深、由易到难，逐步深化。我们的祖先一直奉行“练拳如做人，拳品既是人品”的尚武精神，练拳可以使学生提升内在的责任感和使命感，从而成为一个拥有高尚武德和高贵品格的人。

2. 独树一帜的中医药文化

传统中医药文化是2008年经国务院批准列入第二批国家级非物质文化遗产名录的一种传统文化。[①] 2019年11月12日，传统中医药文化入选国家级非物质文化遗产代表性项目保护单位名单。[②]

传统中医药文化是中国传统文化的重要组成部分，是中医药事业的根基和灵魂。中医药文化进校园，对于学生来说是一次难得的学习机会。中医药特有的魅力给学生留下了深刻的印象。

---

① 《国家级非物质文化遗产国家名录项目》，中国非物质文化遗产网，2015-10-13。

② 《文化和旅游部办公厅关于公布国家级非物质文化遗产代表性项目保护单位名单的通知》（办非遗发〔2019〕150号），中华人民共和国文化和旅游部，2019-12-01。

对于基础教育阶段的学生来说，传统中医药的理论过于深奥，很难理解，如果讲得太多反而让学生产生畏难的情绪。但中药之名的讲究、中药故事的渊源、历代著名医药学家的故事等，却能激起学生的好奇心和学习的兴趣，下面讲到的“有趣的中药名称”就很符合学生的年龄特点和认知能力。

有趣的中药名称

同学们，祖国的中医药文化可谓博大精深，不仅济世救人，还传承着中华文化的精华。特别是很多中草药的名字非常好听，富有诗意，充满古韵，可能在座部分同学的名字就和中草药有关。比如天冬、川柏、广白、半夏、白芷、云华、白薇、兰茹……这些好听的名字是如何来的呢？下面我们一起去探寻一下吧。

中药材来源广泛，品种繁多，它的命名与医疗应用有很大的关系。特别是它的命名具有一定的意义，可以帮助大家了解一些药物的性能，更重要的是利用药材的形、色、气味来治疗疾病，所以有的药材用它的突出点命名；有的药材因为具有特效而流传成故事，因此也用来命名；有的药材是该地区所产质量最好，用产地来冠名。下面我们总结一下。

1. 以药材的产地命名

例如，川贝母（四川）、杭白菊（杭州）、银柴胡（银川）、多伦赤芍（内蒙古）等。

2. 以药材采收季节命名

例如，冬桑叶、夏枯草、半夏、冬花（茎叶经冬不凋，花冬季盛开）等。

3. 以药材的形态命名

例如，马鞭草、鸡爪黄连、乌头、人参等

4. 以药材的颜色命名

例如，朱砂（红色）、赫石（猪肝色）、红花（红色）、橙皮（橙黄色）、紫草（内外皆紫色）、紫色地丁（其花色紫）等。

5. 以药材的气味命名

例如，麝香、安息香、藿香、木香、臭牡丹等。

6. 以药材的味命名

例如，细辛之辛、甘草之甘甜、酸枣仁之酸、苦参之苦等。

7. 以药材的入药部位命名

例如，麻黄根、杏仁、金银花、桑枝、栀子等。

8. 以传说故事或人物命名

例如，何首乌、徐长卿、杜仲等。

9. 以十二生肖命名

例如，龙胆草、蛇床子、牛蒡子、马兜铃、猴枣、菟丝子（兔耳风）、鸡内金（鸡冠花、鸡血藤）、虎耳草等。

这些有趣的中草药名字的由来凝聚着祖先的智慧，是中华传统文化的一部分，我们在继承这些文化的同时，更要努力做实践者，让传统中医药文化在我们这一代发扬光大，走向世界，造福人类。

通过以上案例的讲解，让学生在学习的过程中有所收获，从而起到启蒙学生中医药学知识的目的。在这个过程中，学生对于祖国悠久历史的热爱之情也进一步加深。

（三）传统文化闪亮学生的校外实践活动

研学实践活动被称为“行走的课堂”。研学活动可以让学生走出校园，走进辽阔的世界，在实践活动中打开视野、践行书本之外更多的知识。漫步城子崖遗址，欣赏新石器时代后期先人们的智慧，感受大汶口文化的卓越风华。那一件件精美的黑陶艺术品讲述着城子崖文化的古朴和博大……走进博物馆，近距离观察两千多年以前的“经纬之术”，亲身感受汉唐盛世丝绸文化的发达，体会“丝绸之路”和“海上丝绸之路”的繁盛与辉煌……仿佛阅读千年文化历史的故事。走过古老城市的大街小巷，去领略泉文化的灵动与魅力……走进民俗馆，看鲁绣艺人的飞针走线、妙手成花。研学课程不仅是“行走的课堂”，更是学生与“世界之约”的开启。

例如，“与历史牵手”校外实践活动，以城子崖深厚的文化底蕴为依托，全方位、立体式地呈现了5000多年前先民的生活画卷。以下是本次校外实践活动的设计内容，每个细节都闪亮着历史的光辉。

与历史牵手

一、课程背景

在黄河中下游，有一个神秘的地方叫龙山。大约在公元前3000年，东夷文明进入了成熟的宗教时代。他们以金乌（三足乌）为原始图腾，以太阳神崇拜为共同宗教信仰，凭借玉琮、玉璧及其统一的宗教徽识，祭天礼地，率先进入了奴隶制邦国时代。就在那个时代、那个地方，龙山文化孕育而生。那薄如蝉翼的黑陶、精美的玉制礼器、象征权杖的重器，进一步说明了当时社会发展的先进程度，反映了古代劳动人民的智慧和力量。

为了探秘史前文明，解锁黑陶奥秘，老师们利用校外研学活动的机会，带领学生走出学校，来到广阔的天地间，牵手历史、牵手文化，在古老神奇的土地上寻根溯源，在熠熠生辉的龙山文化中找寻精华神韵。

二、课程目标

（1）了解龙山文化的前世今生。学生通过上网搜集资料或采访他人，初步获取有关龙山文化的信息；走进博物馆，通过聆听与观察，感受史前文明带来的震撼。

（2）学会制作黑陶等史前技艺。学生走进“史前工厂”，了解非遗文化的历史。通过亲身体验制作过程，在动手动脑中，培养劳动意识和劳动技能，从而感受古代劳动人民的智慧和力量。

（3）宣讲感悟实现历史的传承。师生一起布置“小小龙山展馆”，学生变身小主播，通过宣讲，实现历史的传承。

（4）激发学生的民族自豪感。通过参观、体验、学习，培养学生对祖国悠久历史和灿烂文化的热爱。

三、课程清单

（1）收集整理龙山文化资料并与同学交流分享。

（2）学会倾听讲解员讲解，观察史前器物。

（3）亲手制陶和拓染，完成1—2件作品。

（4）撰写宣讲稿，积极勇当小主播，进行历史文化的宣讲。

四、课程纲要

（一）行前课程

（1）组建课程研究领导组，研讨课程研究方向。由校长牵头组建一支包含带队老师、指导教师的研学课程研究小组，进行初步的任务分工，做好研学课程开发的前期准备工作。

（2）分工合作拟订方案、设计研学手册，先行到龙山博物馆“探路”。

（3）制作研学手册，设计研学路线。

（4）学生提前收集整理龙山文化资料，了解龙山文化历史并主动与同学们交流，学会提出问题、解决问题。在交流中生发对中国传统文化的热爱。

（二）行中课程

根据研学课程的安排，本环节共分两个版块：“走进龙山文化博物馆”和“史前工厂”实践体验。每一板块的内容又由若干小版块组成，通过让学生在体验中找乐趣，在乐趣中感受文化的魅力，从而培养学生的社会责任感、创新精神和实践能力，加强未成年人思想道德建设，促进学校教育与社会实践相结合。

1. 走进龙山博物馆

此项内容分为“我是原始人”和“小小考古家”两个小的版块，重点让学生通过走进博物馆、参观博物馆，了解龙山文化的历史，激发学生对石器文明的学习兴趣，热爱祖国灿烂辉煌的历史。

(1)我是原始人。通过讲解员的讲述，亲密接触先民的日常生活用具石磨盘和石磨棒。引导学生探访古代人类的文明起源，追寻史前文化的积淀，感受历史，感受文明，感受文化。学生将学到的知识记录在研学手册上。

(2)小小考古家。学生近距离欣赏黑陶“黑如漆、明如镜、薄如纸、硬如瓷”的特点。聆听讲解，感受“土与火的艺术，力与美的结晶”，进一步了解黑陶技艺对文化传承的重要意义。探寻文物背后整个中华文明的发展脉络。最大限度地解读、还原和传承中华文化，重塑民族自豪感和自信心。

2.“史前工厂”实践体验

“史前工厂”实践体验分为“制作拉坯”“植物拓染”“亚光雕刻”三个小版块。值得一提的是“制作拉坯”技艺，属非遗文化，历史悠久，内涵深刻。学生们在指导老师的讲解下，通过亲手制作体验等一系列活动内容，感受祖国深厚的历史文化底蕴。

(1)制作拉坯。拉坯是陶瓷制作的工序之一，是器物雏形制作阶段。学生将制备好的泥料放在坯车上，制成具有一定形状和尺寸的坯件。

(2)植物拓染。拓染前，指导老师先带领学生在场地周围寻找可用于拓染的植物，丰富学生的自然知识储备；再传授详细的拓染技巧，让学生学会拓染这一传统工艺的基本方法。最后，学生亲身体验制作一件精美的作品。

(3)压光雕刻。学生在指导老师的讲解下，将黑陶表面进行压光处理，使黑陶表面发光发亮，感受古代劳动人民的智慧。

在实践的过程中，指导老师提出需要完成的项目，学生分组合作，提出问题并学会解决问题。在指导老师的引领下，学生通过陶艺古法制作的亲身体验，深入了解史前人类的生活，感受劳动人民的智慧和力量。

(三)行后课程

研学的过程是精彩的，但研学后的总结与分享更是别有韵味。行知小学的同学们在完成了龙山博物馆研学课程之后，自发组织开展了“宣讲传承”和“研学课程评价”，通过宣传活动，展示自己的实践成果，在相互评价中收获交流与分享的快乐。

1. 宣讲传承

(1)学生自主布置“小小龙山博物展厅”，以展示自己的实践成果。

(2)学生变身小主播，分享实践活动的收获，实现历史文化的传承。

(3)通过宣讲培养口语表达能力,提升综合素养。

2. 课程评价

行后课程评价以个人评价和小组评价为主,重点总结自己在资料查阅过程中"知道了什么",在博物馆参观过程中"学习到了什么"。完成研学课程"行前""行中""行后"的闭环学习。同时加入小组评价,让学生之间有一个相对客观公正的相互评价,体现"以生为本"、重视学生体验与收获的研学宗旨。

3. 课程成效

悠久的历史文明,在新时代研学课程探究的路上得以演化、传承。济南市行知小学依托龙山文化博物馆实践基地,带领学生走出学校,来到广阔的天地间,通过聆听、观察、亲自动手体验,触摸了历史,感受了古代劳动人民的智慧。在动手动脑中,学生收获了实践体验的成就感、快乐感、尊严感。同时,更让文化与历史融入每一位行知学子的内心。

(济南市行知小学提供)

此次校外实践活动,学生学到了许多书本上没有的知识,强壮了身体,锻炼了意志,感受到了拓展实践的快乐。在准备阶段,教师要给学生提出明确的校外实践活动的要求,并让学生带着任务完成实践课程,学有所获;临行前,学校要与基地完成对接,全面考虑活动的方方面面,以确保活动顺利进行;在活动的过程中,教师要对学生进行及时评价,评价的内容也要多元化,如团队意识、劳动态度、动手能力、安全意识等,以引导学生形成正确的实践精神和情感意识;活动结束后,及时总结实践活动过程中的收获,深化实践成果。

三、融入班级管理的和合文化

班级文化建设是每个班级里的重要内容,也是班级管理的核心。教师可充分利用传统文化,更好地进行班级管理。比如,教师可以组织学生诵读《三字经》《增广贤文》等经典著作,让学生懂得诚实守信、礼貌待人、尊敬师长等传统美德;通过给父母写一封信、每周做一件事等活动,引导学生懂得"孝"文化,学会感恩;通过《论语》《劝学》等经典篇章的知识竞赛,让学生懂得一些人生的道理。遵循因材施教的思想对学生进行差异化管理,让"和而不同,和合与共"的思想深入每个学生的心中。[①] 下面是一则教师在班级日常管理工作中,以和合思想处理问题的案例。

① 参见刘琦斌:《如何在班级管理中融入中华传统文化》,《新课程(小学)》2019年第7期。

每年的六一儿童节都是学校的一个大活动,孩子们过节开心雀跃,歌声、笑声洒满校园。只是中间出现了一个“小插曲”,让这个六一有些与众不同。

中午,值班老师一进门就被眼前的景象吓了一跳:只见教室前和教室后的地上各扣着一个饭盒,学生站在旁边不知所措,饭菜撒了一地,年轻的数学老师想帮着整理却又不知该如何下手。

通过简单了解,得知因为过于兴奋,小A和小B拿饭时出现“追尾”事件,造成饭盒掉到地上。教室后面的饭盒又是怎么回事呢?学生异口同声说小A和小B的“撞车”造成小C光顾看热闹,不小心和旁边的同学撞到一起,让饭菜撒了一地。在一间教室同时发生两起这样的事情,这让老师意识到该给学生“降降温”“稳稳心”了。所以并没有过多批评这几个学生,让他们先去重新拿饭,吃完再“教育”。

但就在这时,小A却趴在桌子上一动不动,和他说话不搭理,问他是否不舒服也不回答,连续问了几次他就很不耐烦地说“我不想吃饭,没胃口”。同桌小E是班里的大队委,主动帮他去拿了饭,刚放在桌上就被他扫到了地上。看到这个场景,老师也很生气,但凭多年的管理经验没有发作,而是话锋一转,说:“如果是因为撒了饭心里有愧疚,也不用和自己过不去,更不应该把火气撒在同学身上。小E同学关心你,帮你拿饭有错吗”?这句话好像触动了他,自己开始嘟囔:“我又不是针对她。”听到这句话,老师接着说:“如果不是针对小E,那就去给她真诚地道歉。”这次小A没有拒绝,很麻利地来到小E面前真诚地说了“对不起”。

到这个阶段,老师知道可以和他进一步对话了。我问他:“解释一下,今天你咋回事?”这时候的小A一脸委屈:“他们都说这两盒饭都是我打翻在地的,但我只是和小B撞在一起,教室后面的那盒饭撒了和我一点关系都没有。”“嗯,老师相信你,所以我没有说是你做的。”“但他们都不相信我!”这句话说到了问题的根源。接下来全班开启了一次特殊的对话:“今天发生的事情是个偶然,但小A的态度让老师感觉这个事情并不偶然。首先,前面的两盒饭撒到地上反映出了大家今天的浮躁,希望大家及时止损,戒骄戒躁;但后面的那盒饭撒在地上就更加复杂。表面看是小A做得不对,不会管理自己的情绪,不知道沟通,不知道遇到问题向老师求助,还把坏脾气发到帮助自己的同学身上,提出批评。但在坐的同学们也有责任,想想为什么小A说你们都不信任他。”

这个问题应该是他们从来没有思考过的,教室里鸦雀无声。老师和小A说:“我们做个约定好不好?”小A同学用询问的眼神看向我。“今天的事情并不光彩,我认为没必要让秦老师(班主任)再为你担心,更没有必要惊动你爸妈,所以我建议今天让老师来处理这件事,你同意吗?”听说不找班主任和家长,小A

很意外，脸上的表情瞬间就放松了许多。“前提是以后不允许乱发脾气，有问题要学会表达，自己生闷气，冲动是魔鬼，你能做到吗？”“秦老师会知道的，因为有人会打小报告。”看来这是小A最介意的问题，是他心里的“结”——他感觉同学是不可信任的。

“相互信任”是同伴相处的关键因素，也是班级文化建立的关键因素。小A应该不是很合群，因为一些特殊的原因让他没有对班级的归属感。所谓“解铃还须系铃人”，让小A融入集体，和同学达成和解，才能让他心里的结扣打开，才能与自己和解。

针对这个问题，老师临时召开了一次微班会，问了全班学生三个问题：

1. 为什么小A不信任大家？

2. 换位思考一下，如果今天你是小A，你的同学冤枉你，你会怎么想？

3. 小A身上的优点你能说出几个？

这三个问题再一次让教室安静了下来，过了一会儿，学生们开始七嘴八舌地讨论，最后达成共识：

1. 小A的不信任是因为平时大家对他有偏见，这是不对的，以后要多关心他。

2. 小A喜欢读书，对老师安排给他的工作（管电脑播放）他尽职尽责，这些优点值得大家向他学习。

听完同学们的发言，小A也有些小激动，但他不知道该怎样表达，只是说：“老师，小饭桌快结束了，我把电脑打开，一会儿秦老师要给我们讲新课。”

“教育无小事，事事皆教育。”真正理解这句话的含义并不容易，不是这句话的含义有多深奥，而是现实生活中的琐碎往往会蒙蔽我们的视野，影响我们的判断。所谓“教育”很多时候变成了处理矛盾纠纷、变成了“日常工作”。这种“司空见惯”会让我们忽视教育原来的本质，从而失去对现象背后问题的探究。上述案例记录的是笔者的一次亲身经历，它所触动我的是，作为教育人，我们真的不能小看每一件发生在学生身上的“小事儿”，因为每一个事件的背后都会有一个甚至多个“故事”，而这些“故事”的产生、发展与结果，就是“教育真实发生”的过程。

亲身经历了这件事，总结一下有几个收获：

（1）不要小看任何一次教育现象，处理问题要学会站在学生的角度，换位思考。

（2）“教无定法、因材施教”，没有调查不要轻易下结论，切忌经验主义。

（3）能走进孩子内心的教育一定是有温度的，“和合”在班级管理中也可以理解为老师对学生发自内心的关心，从而构建良好的师生关系，促进班级文化的发展。

以上内容是在具体工作中的一些感受,“生活即教育”“经历即成长”。每个人的成长路上都会遇到很多人、碰到很多事、看到很多的风景、留下很多的记忆……这些串在一起就是一个个生动的成长故事。“教育无小事,事事皆教育”,在陪伴学生成长的路上,我们也在不断地成长。

四、融入家庭教育思想的和合文化

家庭,是社会的基本细胞,由家庭所衍生出的家庭教育,深刻影响着个体的行为习惯、思维方式以及文化素养。传统文化特别是儒家文化的和合思想以其丰富的内涵,对今天的家庭教育产生了深刻影响。毫不夸张地说,传统文化与家庭教育思想是血脉相连的。

(一)儒家文化影响当代家庭的教育内容

1. 仁爱思想

仁爱思想是儒家传统文化的核心思想,倡导人与人之间相互尊重、相互关爱、相互帮助。这一思想是人之交往的根本,也是和谐家庭、和谐社会构建的根本,在当代家庭教育中占据重要位置。在当代家庭教育中,仁爱思想强调个人对家人的责任与爱护,个人要爱父母、爱兄弟姐妹、爱子女,进而与家庭成员之间形成和谐、友爱的关系。

2. 礼之教化

礼是家庭教育的前提。《论语・学而》说“礼之用,和为贵”,也是强调一种相处的规范与原则。具体来说,礼代表的是一个社会的文明程度,也是个人道德素养高低的标志。在当代家庭教育中渗透礼仪教育,有利于规范人的言行举止,促进良好关系的构建。家庭是由亲情、血缘关系连接而成的社会基本的细胞,但家庭中每位成员性格思想不同,对人、对事会持不同的态度,在这种情况下,各家庭成员只有遵守礼的精神,相互礼让、理解、尊重,方能融洽相处。

3. 孝悌之道

家庭中要遵守基本的伦理规范,晚辈对长辈,要做到孝顺与尊敬;长辈对晚辈,要做到宽容与关爱;同辈之间,要相互礼让、相互尊重、和谐融洽相处。在当代家庭教育中,孝悌之道仍是重要内容。

(二)儒家文化影响当代家庭的教育方式

儒家文化在道德教育方法方面,讲究自我修养,以身作则,因材施教。儒家文化对德育教育方法的探索与传递影响了中国几千年的教育，即使在今天仍是家庭教育的主要方式。

1. 内省慎独

当代家庭教育中讲究内省慎独，即提升子女的自我教育能力，促进子女内在道德修养的提高，在无外在约束的情况下，使个体仍能严格要求自身，做人做事小心谨慎，不做违背思想道德之事。内省慎独是一种十分重要的教育方式，当代家庭教育虽在践行这一教育方法，但是在践行过程中出现了诸多问题，如对个体过分管束，或将道德思想强制灌输给子女，使个体无法实现外在道德规范与内在道德修养的转化，导致家庭教育失去意义。

2. 因材施教

儒家文化中的“因材施教”，同样对当代家庭教育产生了广泛影响。个体有独立性与主观性，有不同于别人的思维与个性，只有根据个体的个性特点，科学采取相应教育策略，方能取得理想的教育效果。当代父母的这一教育观点深受孔子教学思想的影响与启迪。我们在《傅雷家书》中就能深切感受到傅雷先生对两个儿子的教育就遵循了“因材施教”的原则，对有音乐天赋的长子傅聪“量身定制”教育方法，从基础知识培养到专业技巧的训练都是“量体裁衣”、因材施教，最终培养出了享誉世界的“钢琴诗人”。

3. 教育环境

《劝学》中说“蓬生麻中，不扶自直；白沙在涅，与之俱黑”，充分说明了环境对个体的影响。就当代家庭教育而言，注重教育环境，努力为个体创造一个良好的学习与生活环境，有助于个体健全人格与优秀道德品质的养成。例如，书香家庭的建设，有利于学生养成良好的读书习惯和培养探索学习的品质。

4. 言传身教

《论语·子路》中说：“其身正，不令而行；其身不正，虽令不从。”作为父母长辈，对子女最好的教育便是言传身教。父母长辈品行端正，一言一行符合道德行为规范，子女必然会自觉向父母长辈学习，并以其为榜样，严格要求自身，不断完善自我。从古至今，中国的父母都非常重视“身教”，不管是《颜氏家训》还是近代的《曾国藩家书》，都将好的品行立为家风家训，代代相承。时至今日，老一辈无产阶级革命家的优秀传统依旧薪火相传，他们用自己的高尚品行，以身示范，为后人树立了学习的榜样。

第二节　和而不同的班级群体价值观

一、和合文化涵养学生的思想道德建设

中华传统和合文化的核心内涵包括“天人合一”的自然观、“和而不同”的价值观、“天下为公”的治理观。其中树立“和而不同”的道德观是班级管理的首要任务，是培养学生远大的人生观、世界观和价值观的正确途径。[①]

（一）继承与弘扬

传统美德是中华优秀传统文化的精髓，蕴含着丰富的哲学理念、人文精神和道德规范，是道德建设的不竭源泉。加强新时代公民道德建设，要以礼敬自豪的态度对待中华优秀传统文化，充分发掘文化经典、历史遗存、文物古迹承载的丰厚道德资源，弘扬古圣先贤、民族英雄、志士仁人的嘉言懿行，让中华文化基因更好植根于人们的思想意识和道德观念。要深入阐发中华优秀传统文化蕴含的讲仁爱、重民本、守诚信、崇正义、尚和合、求大同等思想理念，深入挖掘自强不息、敬业乐群、扶正扬善、扶危济困、见义勇为、孝老爱亲等传统美德。可以说，汲取古人在修身养性等方面的经验和智慧，有助于涵养浩然之气和塑造高尚人格，有助于不断提升思想境界和道德品质。因此，用中华优秀传统文化涵养学生的思想品质，要积极引导学生从小讲道德、尊道德、守道德，追求高尚的道德理想，不断夯实中国特色社会主义的思想道德基础。

（二）借鉴与实践

涵养学生的思想品质，必须从日常生活方面借鉴中华优秀传统文化的实践养成机制。中国传统文化中的思想观念、价值理念、思维方式至今还影响着大多数中国人的行为方式，其中一个重要原因就在于它与人们的生活方式紧密相连。由此可见，要想让一种道德观念真正发挥作用，必须融入学生的日常生活，让学生在实践中感知、接受、认同和践行。[②]

---

① 参见郭贵卯：《将中华传统文化融入班级管理的思考》，《甘肃教育》2019年第16期。

② 参见宋友文：《用中华优秀传统文化涵养新时代公民道德建设》，《现代教学》2019年第22期。

（三）转换与发展

涵养学生思想道德建设，必须实现中华优秀传统文化的创造性转化与创新性发展。中华优秀传统文化为中华民族生生不息的发展壮大提供了丰富滋养和精神支撑，培育了中华民族的崇高精神追求，体现了中华民族的团结奋斗。同时还要清楚地看到，中国传统文化是基于自然农耕经济和宗法血缘关系而产生与发展的，不可避免地打上了时代的烙印和历史局限性。习近平总书记指出："传统文化在其形成和发展过程中，不可避免会受到当时人们的认识水平、时代条件、社会制度的局限性的制约和影响，因而也不可避免会存在陈旧过时或已成为糟粕性的东西。"[①]在新的时代条件和实践要求下，继承创新中华优秀传统文化，要让中华民族最基本的文化基因与当代文化相适应、与现代社会相协调，使之成为学生精神生活、道德实践的鲜明标识。因此，加强学生思想道德建设，应坚持在继承传统中创新发展，自觉传承中华传统美德，积极推动创造性转化与创新性发展，不断增强学生思想道德建设的时代性和实效性。

二、"和合"文化促进班级的组织文化建设

班级组织文化建设是班级管理的核心内容，对整个班级的价值取向、行为导向、思想导向起着重要作用。中华优秀传统"和合"文化特别强调要有自强不息的精神，"天行健，君子以自强不息"。因此，发扬优秀传统文化中的务实精神、自强精神和宽容精神，在班级组织文化建设中具有不可低估的作用。

（一）把"和合"文化中的传统美德教育与学生行为规范教育相结合，建设有特色的班级文化

中华民族自古以来十分看重人的道德品质，注重良好的行为习惯养成教育，这对于学生将来走向社会起着积极的奠基作用。

1. 开展"节俭节约、争做合格小公民"的教育

古人云："历览前贤国与家，成由勤俭败由奢。"因此，学生要树立勤俭节约光荣，懒惰奢侈可耻的观念，继承勤劳节俭的美德，艰苦奋斗，争做合格的小公民。

2. 开展"仁爱友善、讲信重义"教育

中国自古就有"欲成才，必先成人"这一说法。诚实守信是做人的根本准则。通过条列活动引导学生从身边的小事做起，在家做一个讲诚信的好孩子，在学校

① 习近平：《在纪念孔子诞辰2565周年国际学术研讨会暨国际儒学联合会第五届会员大会开幕会上的讲话》，《人民日报》2014年9月24日。

做一名讲诚信的小公民。培养学生诚实待人、守时、守信。

3. 开展"百善孝为先"的教育活动

通过开展主题活动,让学生了解中国孝文化的现实意义。结合学生的实际体验,理解"百善教为先"的深刻内涵。

(二)把民族文化艺术与班级文化建设结合起来,从中了解中华灿烂文化,建设有特色的班级文化

大力加强班级文化建设、营造有民族文化艺术氛围的育人环境。全面加强学科德育渗透,使"和合"文化与学科教学、品德教育和谐统一,建设有特色的班级文化。

三、推动班级实践活动

优秀传统文化需继承,更需践行,实践活动可以让优秀传统文化以更直接的方式走进学生内心,塑造他们高雅的气质。比如班级开展"中华经典诵读""我来讲唐诗""我来讲宋词"之类的活动,让学生直接参与其中,使其受到文化的熏陶,能在提高学生文化素质的同时提升班级凝聚力和向心力。

(一)实践活动要贴近生活

班级实践活动的开展要贴近生活,而不应该被单纯看作一种教育学生的手段,换而言之,它应该是学生的生活过程、生命过程本身。因此,班级活动要贴近学生的生活。要做到这一点,需要班主任引导学生选择贴近生活的内容主题,师生在设计活动过程的时候要与学生的生活过程、人生发展过程结合起来。

(二)实践活动类型丰富、形式多样

适合学生的实践活动要类型丰富、形式多样。开展实践活动尽可能照顾到所有学生,让所有学生都有参与活动、展示特长、锻炼才能的机会。在班级建设过程中,可供选择的活动形式是非常多的,如文艺表演、演讲和竞赛、拓展实践……都可以用来活跃班级文化、教育学生。如组织学生开展"读一本名著"的活动,可以让学生创编各种文艺节目,可以编唱书中的一段内容,也可以改编成话剧、小品等。通过形象生动的文艺节目,学生可以互相启发,从中受益。在活动中,班主任可以及时了解学生的思想动态,有的放矢地进行教育指导。

每一个班级都有其独特的班级文化,但群体价值观是班级文化的灵魂所在。因此,结合班级的实际情况,将优秀的传统文化与班级价值观进行有机结合,可促进班级文化的形成。

第三节　班级活动渗透传统文化

将优秀传统文化融合于学校的班级管理,不仅可以体现传统文化的多样性,还可以为学生提供多样性的文化选择,打造独特的校园文化,丰富学生的素质教育。

一、班级主题实践活动的内容

班级文化的建设离不开丰富、有效的班级活动。集体活动能够充分调动学生的积极性,增强班级凝聚力,提高班级荣誉感。通过参加班级活动,学生们还能够开阔视野,增长见识。总之,班级活动能促进学生知、情、意全面发展。学生在校的时间可以组织大量活动,形式可以分为校内活动和校外活动。

(一)校内主题实践活动

开展校内主题实践活动是一种有效的教育方式,它不仅能够帮助学生加深对学科知识的理解,还可以促进学生综合素质和思维能力的提高,而且可以拓宽学生的视野,让学生了解更多的知识和文化,培养他们的综合素质和人文精神。从形式上来分,校内主题实践活动可分为主题班会、传统节日活动、诵读活动等。地域不同,开展活动的内容也有所不同。

1. 主题班会

每个班级定期举行主题班会,利用主题班会向学生传播传统文化知识。比如“礼仪文化”主题班会,可以专门向学生讲古代礼仪、礼仪文化的发展等;诚信教育主题班会,可以借助山东孔孟文化,讲解《论语》《孟子》等儒学经典中有关诚信的名言警句、典型故事。

2. 传统节日

传统节日是我国传统文化很重要的一部分,但是现在学生对传统节日的了解和重视程度远远不够。所以,我们可以利用传统节日这个载体,组织有效的班级活动,加深学生对感恩、孝道、和谐的理解并主动实践。

3. 经典导读

经典文献是古人智慧的精华,比如《论语》《道德经》等。教师选取适合学生阅读的文本,以班级读书会的形式共同学习或者以兴趣小组的方式分组学习,并定期组织讨论会,让学生们互相交流心得,互相促进理解。久而久之,学生们就会在精神上达成共鸣，加深对传统文化的认识，形成对班级精神的认同。

（二）校外实践活动

充分利用当地及周边的文化资源，组织学生在假期时间进行校外实践活动，拓宽视野、丰富知识、增长见识。

1. 民俗文化研学

我国历史悠久，每个地方都是有故事的。我们可以充分利用当地的文化资源，带领学生们实地参观，让学生身临其境领会传统文化和民俗文化。

百花洲民俗研学之旅

百花洲位于济南大明湖南岸，是一处风景秀丽、文化深厚之地，处在济南明府城与大明湖风景名胜区的过渡地段。开启百花洲民俗研学之旅，让学生感受泉水文化，体验非遗和民俗特色文化。

曲水亭街是一处感受曲水流觞，代表济南人文的街巷。同学们走在曲水亭街，望着泉水汇集成的小河，柳树随风舞动似乎在欢迎同学们的到来。走到刻有“曲水亭”三字的红色亭子，同学们纷纷驻足观望。导游叔叔在讲解“曲水流觞”之意时，每位同学都认真做着笔记，那份专注和用心令人动容，值得称赞。

随后在导游叔叔的带领下，同学们先后来到轱辘把子街、文庙、马市街、起凤桥街、五号院、王府池子街、张家大院、濯缨泉、西更道街、涌泉胡同街。穿过这些古街巷，同学们深刻感受到济南悠久的历史，真正体会到“家家泉水，户户垂杨”的泉城风韵。

穿过了一个又一个古老的街巷，同学们虽然有些疲惫，但是并没有停止前进的步伐，带着好奇心，终于来到了悠悠清韵的百花洲。潺潺泉水，依依杨柳，景色宜人。芙蓉馆、雨荷馆、知行楼、博物馆等古老建筑及非物质文化遗产馆，给同学们留下了深刻印象。八卦太极拳、石担石锁等非物质文化遗产项目的表演，赢得了同学们的热烈鼓掌。

最后，同学们走进百花洲泉水人家民俗馆。在讲解员的带领下，同学们参观了济南的老照片、明清时期的老物件（如木质“冰箱”）、清代人使用的“钱柜”和计算器等，真是琳琅满目，让人应接不暇。接下来，同学们在老师的带领下，诵读《曲水流觞修禊大典赋》，鼓乐齐鸣、气势恢宏。飨饮茶礼的环节更是让人感动，孩子们飨饮敬老师、相互敬饮，鼓舞激励，体会传统文化的独特魅力。同学们还学习了线装书的发展历史、装订的多种形式，并亲自体验制作了线装书，收获颇丰。

通过此次研学之旅，同学们不仅了解了泉水文化，还亲身体验非物质文化遗产项目实践，将书本知识与亲身体验相结合，知行合一，让传统与民俗文化浸润孩子们的心灵。

2. 历史文化研学

博物馆就像是历史的缩影，带领学生开展文化研学之旅，在博物馆中感受中国文化的丰富底蕴，领略历史文明的悠久。

丝路故事 经纬之术

“服章之美，谓之华”，飘扬的丝线背后，蕴含着悠久的中华民族传统文化和手工匠人的智慧。为探索神秘的纺织技术，同学们踏入山东博物馆的大门，了解丝路背后的故事，感受经纬之术的博大精深，开启了一场别开生面的研学之旅。

一切准备就绪，同学们满怀喜悦与期盼的心情，活动终于开始了。首先，讲解员老师提问《诗经》中“东方未明，颠倒衣裳。颠之倒之，自公召之”各句的含义是什么？同学们各抒己见，积极回答，课堂气氛十分活妖。在老师的耐心讲解下，同学们明白了这四句话的含义，并引出了今天的活动主题——纺织技术。

接下来，讲解员老师带领同学们来到历史文化展厅寻觅纺织小工具——纺轮。队员们三五成群，兴致勃勃，开始了寻找之旅。在寻找的过程中，同学们发现了该馆馆藏了许多历史文物，如纺织车、纺织梭、纺织锤、大汶口文化陶号角等，藏品相当丰富，真是让人大开眼界。功夫不负有心人，在同学们的团结协作下，终于找到了夹砂陶制的纺轮，大家一起欢呼雀跃起来。讲解老师热情地为大家现场演示了棉和麻被纺织成线的过程，同学们看得津津有味，加深了他们对纺织技术的理解。

最后，同学们亲身体验织布机将线纺织成布的过程。在讲解老师的悉心指导下，每位同学均动手体验了一把“织布”的快乐。同学们充分发挥自己的想象力，拼织出了许多五彩缤纷的作品，个个成为织布小能手。

“丝路故事 经纬之术”研学活动，让学生通过亲身的实践体验，不仅学习了纺织技术及其工作原理，更激发了他们探究学习、动手操作的创新意识。在实践中感受中华经纬之术的独特魅力，树立民族自豪感和文化自信心。

3. 红色研学实践

“赓续红色血脉 传承红色基因”，对于新时代的小学生来说，红色研学实践是最好的学习方式之一。走出校园，带领学生走进博物馆，亲身去体验英雄的事迹，致敬英雄、学习英雄、感受红色教育，是育人的形式，更是行走的思政课程。

“追寻红色记忆，感恩幸福生活”红色主题研学设计

本次研学活动，以“追寻红色记忆，感恩幸福生活”为主题，根据区域特色、学生年龄特点和各学科教学内容需要，紧紧围绕学校的办学理念，坚持以培养学生的爱国情怀和综合探索实践能力为核心。

【研学思路】

1. 充分利用济南红色文化资源开展红色研学的课程研究。

2. 以济南解放纪念馆(解放阁)、莱芜战役纪念馆等为研学基地，通过线上线下相结合的方式，充分考虑学生认知能力，保证课程的实效性、互动性。

3. 尊重学生主体地位，激发学生探究学习的意识，组织学生走进博物馆，培养学生实践能力。

【研学设计】

一、研学实践形式

受疫情影响，红色研学活动分为线上活动和线下实践两部分，根据实际情况做具体的安排。例如，2020 年疫情期间我们的研学活动以线上为主，具体设计内容如下。

(一)线上研学

时间	课程主题	课程目标	课程内容
四月	爱国教育，红色研学(线上)	增强学生爱党爱国爱社会的情感；自觉弘扬社会主义核心价值观；树立远大理想，立志报国	1. 位卑未敢忘忧国——解放阁线上研学 2. 不能忘却的记忆——莱芜战役馆线上研学

(二)线下研学

只要条件允许，我们更希望带学生走出教室，走向更广阔的天地。从“爱上博物馆”“乡土文化”的线上研学到参观解放阁、莱芜战役纪念馆等红色研学，感受浓浓爱国情怀，让学生在学习知识、开阔视野的同时感受对国与家、生命与自然的热爱之情。

1. 课程实施保障

(1)成立研学保障小组。

(2)确定研学路线。

(3)制订研学课程计划。

(4)通过《家长一封信》，告知家长研学的重要意义、时间安排、研学路线，学生本着自愿原则参与研学。

(5)研学前，围绕主题做好知识储备。

(6)制定安全应急预案、对参加的学生进行安全教育，增强安全意识。

2. 课程实施过程

(1)具体行程安排

时间	行程内容
7:50	1. 学生身着校服，教学楼前集合。2. 学校领导讲话，明确本次活动的目的和意义。3. 领取校旗、队旗
8:10	各班在班主任老师的带领下有秩序地徒步前往研学基地——解放阁(济南解放纪念馆)
9:00	到达目的地后，在解放阁下集合，各班清点人数后，统一进入，在讲解员的带领下参观。
11:10	组织合影留念
11:30	带队老师清点人数后，整队徒步返回学校

(2)注意事项

序号	注意事项
1	各班在徒步行进和活动过程中要有组织有纪律，听从老师的安排，不离开集体单独活动
2	在活动过程中如有特殊原因，学生要先向老师请假，得到批准后才可行动，并按时归队。未经批准，不得擅自行动
3	学生乘车时要注意乘车安全，头、手等身体部位不能伸出窗外，活动中要注意活动安全，不玩危险的游戏，如发生摔伤、生病等意外情况，应该马上报告老师，以便及时处理
4	每位老师要认真组织，并视情况安排学生参加馆内活动，不得参加不适合学生、容易发生危险的活动
5	出发前，班主任老师要做好充分的安全教育工作，随时清点人数，活动过程中，各位带队老师应当有序组织，将学生的安全放在第一位

3. 研学课程后续活动

(1)各班级写出研学活动总结，中高年级建议学生写一篇“追寻红色记忆，感恩幸福生活”的研学心得(可侧重于知识收获，可谈感受或体会等)。

(2)举办“追寻红色记忆,感恩幸福生活”研学收获展(学生习作、照片、绘画)。

4. 研学课程评价

课程评价以本课程目标和课程内容为依据,采用自评、互评、主题班会展评等多样化的评价方式,由教师、学生等从多角度对本次活动进行全面评价。

在课程研发过程中,所有参与师生经历了前期准备、中期实践和后期的总结评价等环节的观察、执行与思考,我们认为此次研学课程达成预期效果。学生在研学过程中通过重温历史、追寻红色记忆,更加珍惜现在的幸福生活。

传统文化融入班级管理,将传统文化育人思想与现代教育理论理念相结合,促进新时代班级文化的建设,对于学生来说是身受其益的。不管是“日用而不知的传统文化”,还是“和而不同”的班级文化价值观,都在班级的教育教学活动中潜移默化地影响着学生。

二、班级主题活动开展的意义和价值

活动是生命的本源意义之一。我们常说“生命在于运动”,这里的“运动”不应该仅仅被理解为“体育运动”,而应该同时被理解为“生命的活动”。对一个班级来说,活动的意义亦非同寻常。做好班级活动的设计与组织工作对学生个人的成长、班级良好人际关系的建立、班集体的形成有着重要的意义。

(一)有利于学生的个人成长

每个学生都有自己的长处,或者说与众不同的地方。设计良好的班级活动能为学生创造展现自己、发挥特长的条件,让了解自己才华的学生在众人面前尽情展现,从而达到发展自身的目的。所以说,班级活动的设计与组织对学生个人的成长有着重要的意义。

(二)有利于班级良好人际关系的建立

班级活动也使学生与学生之间、老师与学生之间、个人与集体之间的关系这一条条“线”得以建立和巩固。在开展班级活动时,老师与学生、学生与学生进行着各种交流、碰撞,增进了生生之间、师生之间的认识和理解。有了深层次的认识和理解,良好的人际关系就有了坚实的基础。

(三)有利于班集体的形成

集体是什么?集体就是许多具有各种关系的个人组成的群体。人与人之间缺乏必要的关系，就无法形成一个集体。从班级到班集体转变的过程就是一个建设的过程，通过各种各样的活动建立人与人之间的心理关系，在此过程中班主任是最重要的建设者。从集体形成的过程上看，班级活动是集体形成和保持生命力的最重要的途径。只有不断地活动、不断地交流、不断地碰撞，人与人之间才能形成稳固的、紧密的交往关系，集体的凝聚力才能得到巩固，集体主义情感才能得到培养。

第六章 传统文化与班级自主文化的生成

悠久的文化历史所造就的是中华民族不屈不挠、百折不回的民族脊梁和“海纳百川、有容乃大”的博大胸怀。新时代，我们应该怎样让下一代也能继承和发扬民族的优秀品质，传承中华传统文化的精华？这就需要我们的教育者用智慧和情怀，将传统文化与我们的班级文化更好地融合，促进学生对中华优秀文化的理解、学习和吸收，最终融入我们的血液之中。

传统文化中的和合思想，以和为价值导向，以合为途径和手段，通过营造一种自然、和谐、全面、稳定、平衡、有序的教育环境，促进教育者和受教育者都能得到优质均衡的和谐发展。基于和合的理念，在班级管理与班级文化的建设中，重视学生的自主管理、培养学生的自主管理能力与班级自主管理意识，促进班级自主文化的生成，这是我们在班级管理与班级文化建设中非常重视的一项内容。本章我们重点探讨在传统文化视域下班级自主文化的生成，实现班级文化的和谐发展，促进学生健全人格的培养。

第一节 仁学关爱——以人为本

传统文化中的仁爱思想和群体意识，有利于培养学生宽容之心和集体主义精神。“己欲立而立人，己欲达而达人”，“己所不欲，勿施于人”，都提出了要尊重他人。在班级中，教师首先要构建的是师生之间的良好关系，让学生明确师生之间的关系是相互关心型的。关注学生的学习和生活，用心关注每个学生的家庭情况和性格特征及学习中出现的问题，有耐心有针对性地给学生提出一些建议，对学生进行疏导，帮助他们树立自信。当学生犯错的时候，老师要有定力，不能冲动，更不要随意处罚。魏书生曾提到，如果你将学生看成天使，你就生活在天堂；如果你将学生看成魔鬼，你就生活在地狱。

一、了解并热爱学生

要想关心学生必须从了解学生开始，俗话说“知之深，爱之切”，只有真正地了解学生，才能真正地爱学生。对学生的了解不能只停留于学习方面，而应是多方面、全方位地了解学生的自身状况和内心世界。班主任要善于了解掌握学生的学习、生活、思想状况，关心、爱护每一位学生，特别是班级中学习有困难的学生、行为习惯有问题的学生、单亲家庭学生等。班主任的关怀与引导会使他们更加主动地改正错误，成为更好的自己。

在学校生活中，身为教师，要利用尽可能多的时间和学生进行交流，了解他们生活、学习中的困难，帮他们解决各种问题。与学生一起参加学校组织的各种活动：运动会上，我们一起助威加油；歌咏比赛时，与学生一起选歌、练歌，同台演出；与学生一起参加越野赛，一起观看文艺表演等。通过接触，了解每个学生的爱好和特长，发现每个学生的闪光点。同时，也拉近了老师和学生之间的距离，他们会接纳老师，把老师当作自己的朋友，有心事愿意倾诉、有困惑愿意共同探讨。

二、正确认识学生个体差异

每位学生在身体素质、智力水平、性格、性别、成长背景各有不同，因此学生的差异性是客观存在的。但不管学生差异有多大，要承认每一个学生都具有自己的独特性，承认他们每个人都是唯一的存在。所谓“我们不同，我们都好”，有了这样的认识，就能为各种人才的成长打好基础、提供条件。一个真正出色的班主任，能带出各种类型的学生，并能使他们每一个人都得到发展。

可爱的送花使者

我们班有一位可爱的“送花使者”小L同学。她记住了班里每一位同学的生日。每当同学的生日来临，她都会在群里送上“一枝小花”，提醒大家送上暖暖的生日祝福和可爱的生日“蛋糕”。因为有了她的提醒，因此，在班级“阳光中队”的群里，常常会看到一幕幕温馨的画面：不管哪位同学过生日都会收到很多“礼物”和祝福。孩子们喜欢用这样的方式表达祝福、接受祝福，幸福满满，快乐满满！

有一位同学在他的日记中这样写道：真的很爱我们的班级，老师那样可亲，同学们那样可爱，在这里上学我感到很幸福！老师说我们是班级的小主人，我一定要努力，好好地爱我们的家！

在一个充满阳光与爱的班级里，只有让每一个学生都能感受到来自老师和同学们真诚的关心与爱护，归属感才会自然生成。“龙生九子”各有不同，更何况是孩子，尊重学生的差异和不同，但又能让他们凝聚到一起，班级的“仁爱关怀”和以人为本就是最好的黏合剂。在一个充满爱的班级里，“团结、协作、自律、自信”是班级理念建设的核心，同时以“培养具备可持续发展能力的学生”为目标，用心和学生交流，悉心培养每一个学生，尽量不让任何一个学生掉队，关心学生的身心健康，力求做到“全纳与平等”。

在班级管理工作中，“爱”与“责任”其实是分不开的，“爱”是责任的体现，而“责任”是爱的化身。孩子们就像是一群纯净无瑕的小天使，当他们得到片片真情后，同样也会无私地把自己那一颗颗真挚纯真的童心回报给我。

三、尊重欣赏每一个学生

作为教师，尤其是班主任，在班级管理中要做到以人为本，就要尊重每一位学生。不仅要尊重那些优秀的学生，更要尊重学业成绩暂时落后的学生、尊重有过错的学生、尊重被孤立和拒绝的学生、尊重和自己意见不一致的学生，让他们感到被肯定与认可，从而感觉到自己的人格尊严。尤其是对学习有困难的学生，由于长期学习成绩不佳，被教师、同学乃至自己的父母认为是“差生”，自尊心受到了极大的伤害，甚至丧失了学习的信心和勇气，这些学生更需要来自老师和同学们的关心、鼓励。老师不仅要尊重每一位学生，还要学会赞赏每一位学生，因为欣赏是对学生最好的激励。

有老师会问：这种尊重真的有价值吗？不会“我心向明月，奈何明月照沟渠”吧？下面讲个真实的小故事：在一次户外活动时，我看到一个经常“出状况”的学生在主动帮助同学把遗落在操场上的外套叠好送还失主，当即表扬了他。但就在和他一起返回教室的路上，却发现他的口袋里有一个注射器，询问他为什么把注射器带到学校？他支支吾吾地说：“这是一个新的注射器，自己带来是为了科学实验。”针对这个情况，我找到科学老师证实了这件事，但对于他把注射器带在身边这件事提出建议：“如果是实验需要带到学校，可以交给老师代为管理，毕竟针头有一定危险性，即使是新的，也不建议带在身边，避免对自己、对他人带来不必要的伤害。”听完了我的建议，他心悦诚服地接受，从交流中，他能感受到老师对他的关心和爱，知道是为他好。从此以后，他遇到类似情况时都能按要求去做，还主动告诉其他同学，要注意安全，不把危险物品带在身边。

上面的案例看似很平常，但阐述了一个道理：学生需要老师的信任、尊重和关怀。很多年以前，我的老师问过这样一个问题："如果你带学生到操场上去活动，你是让学生面向太阳还是你面向太阳"？当时我不假思索地说："肯定是我面向太阳。"老师的脸上露出了欣慰的笑容，语重心长地说："记住，作为一名老师，不管你的年龄大小，在这个班级里你就是'亲妈'，爱护好你的学生，他们才会爱你。"老师的话一直深深地印在心里。转眼二十多年过去了，教过的学生也有很多，但不管是多么淘气的学生，都尽最大可能地给予他们尊重和爱。因为每一个孩子都是天使，他们有权利受到关心与爱护。

四、用爱的教育转化后进学生

在后进学生的教育和转化中，爱的关怀与感化是非常重要的，因为爱能点燃他们心目中自尊和进取的火种，鼓励他们从"后进"走向进取、走向另一种他们向往但不知该如何才能达到的"优秀"。

感动于那深深的一鞠躬

不知从何时起，每天放学时，总有一个孩子要用深深地一鞠躬向我道别，他就是小杰。

春去秋来，小杰已经从一年级升入了二年级，一年多的时间我见证了孩子们的成长，看到了他们的努力！正如苏霍姆林斯基所说："教师要像对待荷叶上的露珠一样，小心翼翼地保护孩子的心灵。晶莹透亮的露珠是美丽可爱的，却又是十分脆弱的，一不小心露珠滚落，就会破碎不复存在。"这份呵护就是老师对学生无微不至的爱。爱是一切教育的起点，教育是传递爱的事业，"以火点火火愈明，以爱知心心愈爱"。但是，仅仅爱优秀的学生是每一位教师都能比较容易做到的，爱"问题学生"却比较困难了。原因很简单，这些所谓的"问题学生"总是耗费我们太多的精力，但又很难看到成效，当我们一遍遍苦口婆心地说教时，他或她却一脸的茫然和无辜，让你的热情骤然降至冰点。面对这样的孩子，老师应该怎么办？冰点一次又一次降临的也是对师者信念的考验！我的回答是：永不放弃！坚定我这一信念的正是我自己的学生。

一、案例描述

小杰是一个长相漂亮的小男孩，大大的眼睛炯炯有神。一年级的第一个月小杰表现得非常好，按时上学，听课认真，书写整洁，学习努力，是个很不错的学生。

但十一长假过后，小杰的变化很让我吃惊，每天早上很早就到校，但总是忘带书本或是文具盒，问他为什么，他只是低头不语。学习成绩急速下降，几乎每科老师都向我反映小杰上课走神，布置的功课都不能按时完成。他成了老师们头疼的“问题学生”。有一次，学生告诉我小杰总是借他的铅笔，我以为孩子又忘带文具盒，有些生气地批评他，他又低头不语，眼角含泪说：“我带了，但不会削铅笔，所以……”我感到奇怪，拿过文具盒一看，里面有6支未削的新铅笔，那一天，我亲手为小杰削好了铅笔并教会他使用削笔器。但接下来的日子，更让我不理解的是他的变化为什么会这么大：课堂上走神越来越严重，书写脏脏的、乱乱的，原来干净的小男孩变得邋遢，那双漂亮的大眼睛变得无神恍惚。发生了什么事，让孩子变成了这样？与家长的沟通中我了解到：孩子的父母刚刚离异了，但都没有时间照顾他，现在他和爷爷奶奶住，孩子刚上学，他多么需要父母的照顾和引导啊！我对孩子多了一份宽容和关爱。但小家伙似乎受家庭变故的影响很大，学习上没有精神，开始变得沉默寡言。直到有一天早上我到校很早，在教室的门口我看到坐在地上的小杰，抱着书包，身体紧紧地贴着门，我赶紧走过去，打开教室的门让他进去，放下书包，他就帮我整理起教室的卫生，默默地，没有一句话，只是扫啊扫。我问他吃饭了吗，他点点头。正在这时，执勤的老师走过来告诉我说：“最近一段时间，这个孩子总是来得很早，爷爷把它送到门口，给他买一个烧饼或两根油条，祖孙俩就在校门口的花池边吃完，爷爷看着孩子走进学校才离开！”听到这里，我的心里一阵酸楚，我赶忙回办公室倒杯热水给他，看着他喝下，我禁不住问他：“为什么来这么早？为什么不能在家吃完饭再来上学？”孩子告诉我：奶奶中风住院了，爷爷不会做饭，早上把他送到学校后还要赶到医院看奶奶！说着，留下了伤心的泪水！此情此景让我感觉眼前的小杰就像一棵在风中摇曳的小树，好无助啊！

我帮小杰擦干眼角的泪水，告诉他：“别哭！有老师在，不会让你掉队！”

家庭的变故给了小杰很大的精神压力，使原本开朗的小杰变得沉默；失去家长的精心照顾，使他的生活陷入混乱，这一切让一个刚满六岁的孩子过早地品尝了生活的艰辛。我决心一定要帮助他，为他重拾信心！

“师爱不是一个偶然幸运地体现并陶醉的一种纯粹的快感，而是一门艺术，一门需要知识和努力才能学会的艺术”（弗罗姆）你用什么样的感情和态度对待学生，学生就会用什么样的情感和态度对待你、对待社会、对待他人。所以，我希望小杰能感受到集体的温暖、老师的关爱！

二、解决路径

1. 与家长沟通，帮孩子走出阴影

作为教师，我无法改变孩子家庭的变故，但我有责任让家长了解孩子的现状。当我联系上孩子的父亲，和他说明了小杰今天的状况时，我分明看到父亲的眼中噙满了泪水，很郑重地对我说："谢谢您，姚老师，我会补偿孩子，我会照顾好他！请老师您放心。"这是一位说话算数的父亲，再后来的日子里，孩子的生活逐渐规律，情绪也逐渐好转，小杰又慢慢地变得开朗了。

2. 同学的友谊是孩子自信的源泉

许多次我鼓励小杰多和同学们交朋友。班会上，我向大家表扬小杰关心班级，热爱劳动，关心他人。鼓励同学们向小杰学习。我看到他慢慢有了很多朋友，大家都喜欢他，他也更加热爱老师和同学们。和同学的友谊让小杰又找到了自信。

3. 老师的勉励是孩子成长的动力

对于学习，我告诉孩子你没有问题，只要肯努力，你一定会赶上来！老师相信你！尽管最初的一段时间，并没有太大的起色，但我始终鼓励着他：努力！不要放弃！你一定能行！此后的课间，我很少看到他在操场上玩耍，他开始自觉地学习：背课文，背古诗，练字，默词语。一年级的孩子能有这份学习精神，作为老师的我很感动。

三、问题成效

1. 主题班会上的那颗小明星

学习的努力换来了不断的进步，小杰的优点和潜力也逐渐凸显。我发现他具有很好的语感和乐感，语文课上我鼓励他多多朗读，主题班会上我请他为大家唱歌。渐渐地他成了班上的小明星，更加受到大家的欢迎。

2. 你的进步是老师最大的欣慰

那年学期末，小杰以全优的成绩结束了一年级的学习生活。放暑假的前夕，小杰的父亲给我打来了电话，感激之词溢于言表，孩子的进步是老师最大的欣慰，我为我的学生骄傲。

人不是一成不变的，更不是单色调的，金子有时也可能蒙上灰尘。一个学生一时的退步并不能代表他失去了光芒，永远沉寂！给他鼓励，帮他树立信心，当这些"问题少年"逐渐走出成长的误区，重拾自信，快乐生活时，他会发自内心地感谢自己的老师。教师与学生之间是一条感情的河流，是爱与敬共鸣的河流。感情的河流不干涸，爱的风帆永远不落。

一花一世界，一叶一菩提。小杰的成长经历让我所深深地感受到每个孩子都渴望老师的关爱，每一个孩子都向往美好的生活，为师者要用爱心打开孩子心灵的那扇窗，引领他们懂得生活的美好，感受世界的广阔。

“坚持以人为本，树立全面、协调、可持续的发展观，促进经济社会和人的全面发展。”和合文化的理念之下要让班级与学生个体达到“和谐”的发展与自我的“和谐”，就需要班主任坚持以人为本，把尊重人、关心人、培养人、激励人、发展人作为学生发展和班级管理的根本目的。

第二节　有法有度——量化管理

对于学生来说，习惯养成的重要是不言而喻的。“没有规矩不成方圆”，自古以来，对于“管理”，先贤告诉我们要“有法有度”。对于学生的管理，在“有法有度”的基础上，还要了解学生的心智特点，遵循学生的身心发展规律。因此，在学生量化管理方面，我运用“晋级”的方式，因时因地因人，既符合儿童的认知规律，也和中国传统“和合”文化中对“育”的概念相吻合。下面我们以道德行为养成的模式和实施策略为例，分析量化管理在学生成长过程中所起到的促进作用。

一、量化管理模式探讨与管理实施

义务教育阶段，量化管理主要涉及学习成绩和德育管理的量化。本节涉及的内容主要是学生的德育管理方面，探讨德育管理工作中的量化管理模式。内容主要涉及几个方面：行为习惯养成，道德品质的培养，以及主动成长的意识和能力的培养。

在这三大部分中，行为习惯的培养属于“外好”养成，也就是我们常说的“外化于行”；道德品质的培养更侧重于“内好”的养成，即“内化于心”。但我们最终要实现的是“行为的自觉、道德的自觉”，学会主动成长。

我们以学生的道德习惯养成为例，摆脱原有“说教”方式，更多运用学生的自主、自发、自觉的培养方式。从道德行为的培养（外好）到道德品质的润泽（内好），再到道德自觉的生发（自觉）。以学校培养机制为载体，不断探索“管理育人”的新模式，开启学生量化评价的研究新路径。

（一）行为习惯的培养

斯金纳的操作行为主义理论中的“代币法”是一种行为塑造的好方法，很多学校的学生量化管理中都有所涉及。此外，班杜拉的观察学习理论，十分强调“榜样”对儿童的行为有重要影响，这对学校德育培养中的道德行为养成和“树立榜样”“学习榜样”“成为榜样”，促进学生行为品德的提升有着重要的启发。

不同的学生在不同阶段其行为习惯存在很大的差异，多数学生缺乏自主管理的能力和意识。为改变这种现状，让学生尽快融入集体，学校需要借助多种形式，如“红领巾道德银行”“成长驿站”等，引导学生养成良好的行为习惯。在最初阶段，可以以学生管理为中心，通过常规量化，以获取“成长币”的形式，规范学生的各项行为，通过“树立榜样”“学习榜样”“成为榜样”促进学生行为品德的提升。

在行为习惯养成的过程中，学校的德育管理与教学管理都应该指向学生行为习惯的养成教育，可将树立榜样意识作为培养学生行为习惯的有效方式。每周推选出获取成长币最多的学生，将其评为“优秀少年”“习惯养成好榜样”等，以鼓励学生努力规范自己的言行，促进学生行为品德的提升。

（二）道德品质的养成

通过开展多种形式的量化管理，会让学生的道德行为养成取得不错的效果。但在实践中会慢慢发现，学生的行为在改变，然而其认知、情感等方面的改变却比较有限。这其实也是行为主义“代币法”的缺陷。如要做出改变，就必须在原有基础之上，加入道德品质的养成。下面我以“2.0 版本‘小陶子’道德品质养成系统”为例，做较为系统的介绍。

1. 确定道德品质指标体系

让学生拥有良好的道德情感、道德信念，首先要立足于祖国优秀的传统文化。深入学习习近平总书记有关传承中华传统美德讲话的精神，聚焦道德品质仁爱、自立、知礼、守信四个养成维度，构建“小陶子”道德品质行为指标体系（见表 6-1）。

表 6-1　“小陶子”道德品质行为指标体系

养成维度	评价要点	行为指标
仁爱	友爱师友 孝亲敬老	1. 懂得关爱老师、同伴，在中队中做一些力所能及的工作 2. 孝敬父母、尊敬长辈、做力所能及的家务
自立	自立自强	1. 自己的事情自己做，书包、课桌、后橱随时整理、干净整齐 2. 具有很强的自主性，不需要老师和同伴提醒，能安静有序地学习，参与中队活动
知礼	礼貌待人 衣着得体	1. 文明有礼，尊敬他人，见到老师和参观人员主动问好 2. 穿戴整洁，讲究个人卫生，佩戴小黄帽、红领巾干净整齐
守信	诚实守信	说话算数，答应老师、同伴的约定按时完成，考试不作弊

2. 搭建道德品质养成平台

在明确“小陶子”道德品质养成维度内容之后，为让学生拥有良好的道德情感、道德信念，我们搭建了“小陶子”道德品质养成平台。该平台依托学校综合素质测评平台，结合养成维度和评价要点，关注学生行为指标的达成情况。通过学生自评、他评等多元方式，以发放奖章的形式，对学生的内化成长进行及时评价认可。

3. 以评价促学生道德成长

通过学生自评、教师评价、同伴评价、家长评价，实现个人与集体、个人与他人的多元互动，促进沟通，从而实现内化成长。评价的结果以发放奖章形式体现，并通过及时更新信息化评价系统，让家长看到学生的变化，借助家校合力让学生更好地成长。

（三）道德自觉的养成

经过一段时间的实践发现，道德养成如果只是教师被动的推进，学生很难实现主动成长，亦不符合学生发展规律。我们鼓励学生主动参与、大胆实践，通过“红领巾五角星会”“红领巾中队小主人”“红领巾志愿者”等多种形式，从学校层面、班级层面和学生个人层面，为学生提供参与实践、志愿服务他人的机会。因此，学生的主动成长意识有了很大的提升，形成了学生志愿服务体系。在这个晋级过程中，我们看到了学生可持续发展与内化成长的足迹。

1. “红领巾五角星会”，主动参与学校管理

“红领巾五角星会”是学校德育工作的一方阵地。由学校主动授权，鼓励学生主动参与。“红领巾五角星会”定期召开，讨论有关“红领巾道德驿站”的诸多问题。鼓励学生发现问题、提出问题，学校安排“成长导师”辅助引导，共同讨论解决问题，最后再通过“红领巾五角星会”进行及时反馈。以“闭环”的形式，实现学生主动参与学校管理。

2. “红领巾中队小主人”，主动服务中队岗位

“事事有人做，人人有事做”，让每一位学生都能在班级里找到自己的存在感，愿意为班级的荣誉付出努力，这种主动服务中队的“小主人”意识正是我们培养学生道德自觉的重要一步。

3. “红领巾志愿者”，传递微光成人达己

作为班集体的一分子，个人与集体间“关系”的建立，对于学生认知、情感的构建有着非常重要的意义。“人人为我，我为人人。”“红领巾志愿者”活动由学生自主发起，走进中队，走近同伴，走向社区，在帮助别人的同时，自己也收获了快乐和友情，达人成己，实现道德的自觉。

在完善学生管理体系的过程中,“红领巾道德驿站”始终陪伴着学生的成长,见证了“知行合一”在学生、教师成长中的重要作用。

对于学生的量化管理不能仅用数字说话,内心的润泽成长才是量化管理的目的所在。因此,我们不应该把冰冷的数字作为对学生评价的重点和全部,促进学生内心的充盈才是我们育人的目的与方向。

二、尊重个性发展

“人法地,地法天,天法道,道法自然。”“道”是宇宙间万事万物运动发展的规律,在班级管理中,作为班主任就必须遵循教育的规律,按照学生的身心发展规律来操作。“道”就是班级存在与运行的规律;“天”就是班级的天时;“地”就是班级活动的空间、地域;“人”就是班级的师生及其和谐的关系。班主任不仅要解决好“天时、地利、人和”的问题,更为关键的是要遵循规律、顺应自然,即“道法自然”。①

作为教育工作者,天天接触教育谈论教育,反对制度却又遵循制度,真是有很多的无奈。作为教师,要以人为本,尊重学生的个性发展,促进学生和谐发展。

教师是“伯乐”,但是又不能只是伯乐,伯乐相马的目的是挑出千里马而淘汰其余的马,教师却必须对每个学生负责。宋代朱熹在《论语》注解中指出“孔子教人,各因其材”。孔子对自己的学生就很了解,他能够说出不同学生的性格特点和智力水平,并且针对不同的学生,用不同的方法进行教育,把学生培养成各种不同的人才。从心理学角度来看,一定年龄阶段的学生,他们的心理特点和智力水平既有一定的普遍性,又有一定的特殊性。我们的教育教学应尊重学生的个别差异,因材施教,扬长避短,长善救失,培养更多的优秀人才。作为老师,我们也应该学会用一双发现的眼睛,从不同的角度来教育学生、启发学生,使他(她)的潜在能力或特长发挥出来,真正做孔夫子的“因材施教”践行者,让“我们不同,我们都好”的教育理念落于实处,开出绚丽的花朵。

三、重视人尽其才

《淮南子·兵略训》中有云:“若乃人尽其才,悉用其力。”在尊重学生个性发展的基础上,应重视因材施教、人尽其才。落实到班级管理工作中,就是让班级里的每一位学生人人有事做、事事有人做,为学生搭建展示的舞台,让每一位学

① 参见蒋晓蓉:《道法自然,润泽生命:漫谈“自然润泽”的自主管理构想》,《中学课程辅导·教师教育》2015年第15期。

生的个人潜力得到最大化的发挥。因此，培养学生的主人翁意识是“人尽其才”的关键一步。

今天我来做值日生好吗

文文同学是我们班的卫生班长，每天都由他安排班里的值日生。他很聪明，也很能干，总会把班里安排得井井有条。而且，这是一位非常有责任心的小干部，每天放学总会走最后，检查班里的每一个角落是否打扫干净，然后才会离开教室。因为有这样的一个小助手，我感觉很省心。但有一天，文文生病了，下午发烧，人也蔫蔫的，我给家长打了电话，把他送出了学校。下午放学的时候，有一个小男孩走到我的面前说：“老师，今天让我留下来代替文文好吗？我也会和他做得一样好，当您的小助手。”我看看眼前的孩子，是文文的同学小棹，我摸摸他的头说：“当然可以，老师相信你做得也会很好。”

一直以来，我希望班里的每一个孩子都能得到锻炼，也愿意多给孩子机会。但机会必须是自己争取的。今天小棹的表现很让我开心，首先，孩子心中有集体，愿意为大家服务。其次，在榜样的带动下，孩子在成长，能够自己主动争取机会。这种积极的态度很可能改变孩子以后的人生轨迹，让他能找到更好的自己。给每一个孩子成长的机会，就是最大限度地人尽其才。

第三节　知人善任——小干部培养

班主任要想和学生建立和谐、合作的关系，就必须是一位懂得尊重、民主型的班主任，同时还要言出必行、有法有度，即所谓“合于节度、谐于节律，无过无不及”。因此，在班级管理中，知人善任，小干部的培养就显得尤为重要。班主任和科任老师指导由学生来管理学生、管理班级的日常事务，充分调动学生参与管理班级的热情和积极性，发挥学生的主人翁精神。在合理指导的前提下，学生干部的个人能力会得到很大的提升，同时成为班主任工作上的得力助手。他们是实现班级学生自主管理的必备力量。

一、建立班集体核心，培养优秀的小干部团队

（一）搭建平台

培养学生干部，其实也是为学生搭建一个舞台，挖掘他们的管理才能，同时培养学生的自信心。学生往往在学生干部的舞台上，能够充分展示自己的才能，而那些“小皇帝”“小公主”的作派也会自然而然地有所收敛。

（二）培养能力

班级管理讲究和谐发展、合作共赢。因此，学生干部表率性、主动性和亲和力培养的成败关系到小干部是否可以胜任班级管理工作，能否为班级更好地服务。这也关系到一个班级的发展和班级文化的构建。

1. 自身的表率性

小干部作为班集体的管理者，无论在学习上还是纪律上都应当成为其他同学的榜样，同时还要有较强的组织管理能力、认真负责的态度和敢于担当的品质。时时处处以身作则，做好班级的表率。

2. 工作的主动性

小干部作为老师的小助手，对自己负责的工作要有主动性，要学会主动考虑工作的日常管理，对老师即时布置的工作，要主动想办法、提建议，组织同学完成，而不需要老师再三的催促。因为教师的事必躬亲非但不能培养和锻炼学生干部的能力，反而会使班务工作不能按时或正常完成，影响班集体的建设。要培养小干部的工作主动性，就要有全局观念，不能只想到自己一个人，还要有为他人着想的意识，即“公仆”意识。只有这样，小干部工作才能顺利地展开。

3. 培养亲和力

小干部不仅要会管理、能管理，有主动管理的意识和能力，还要具有很好的性格，要有亲和的能力。

如何提升自己的亲和力，有以下几点建议供参考。

(1)不“娇气”。现在的学生大多都是独生子女，在家里养成了较重的“娇气”，有不少学生连料理自己的生活都很困难，更不要说替别人做事或管理班集体的事了。但如果希望通过做小干部锻炼自己的能力，就要戒除“娇气”，做别人不愿做、不敢做的事，这样才能使自己在工作中得到锻炼。

(2)避免“小气”。作为学生干部，在与同学和老师的工作交流中，难免有不被理解甚至是误会的时候，这就要求学生干部要有谦虚豁达的胸怀，如果受不得一点委屈，那也是做不好管理工作的。

(3)杜绝“霸气”。作为学生干部,参与班级的管理,有威信更要有“民心”,杜绝自以为是和“霸气”行为。让同学们心服口服,能有一定的领导能力,依靠的是对班级的热爱、对同学的尊重和自己服务班级的意识,从而得到同学们的信任和支持。

总之,学生干部要真正使自己得到锻炼,应当培养自己开朗的性格、大度的胸怀和勇于担当的责任意识。

二、以和合为核心,制定学生干部培养方案

(一)选拔学生干部

在小干部的选拔过程中,鼓励学生积极参与,采用较多的是自荐和轮换的方法,效果较好。

1. 自荐制

接班伊始,班主任会对每一项学生干部职责定出具体细则,让学生认真学习,自我对照,自我分析,考虑自己有什么个性、有什么特长、适合干哪项工作,然后对号入座,毛遂自荐。在选拔过程中,老师要尽可能地尊重学生的自主选择,充分施展学生的个性、特长,给学生提供展示自我的舞台。

2. 轮换制

实践告诉我们,学生干部的学期制不符合自主型管理原则,得到锻炼的人只是少数。因此,班主任应有计划地推行班级干部轮换制,让大家都有展示才能的机会。例如,一般小干部的任职时间为十周左右,在第十一周进行一次新干部的选拔。轮换制的推行,旨在让所有学生认识到管理好班级事务,首先必须学会管理好自己的事务,自觉规范自己的行为,实现自我教育,逐步由他律向自律发展。

(二)学生干部培养方案

1. 确定培养目标

培养一批在行规纪律、学习成绩方面比较优秀的学生,让他们首先快速成长为班级的领跑者。借助这批领跑者,带动其他的同学共同发展进步。让每位同学都能发挥特长,成为班级管理的一分子,逐渐形成良好的班级纪律、学习氛围。

2. 明确学生干部的责任和义务

(1)明确责任和义务。明确学生干部的基本要求和目标,对全班学生组织一次干部岗位职责的学习培训,使每一位学生了解掌握学生干部各岗位的职责要求,明确不同岗位的责任和义务,为任职、上岗做好充分的思想、心理准备。

(2)目标管理,责任分工到人。每个岗位都有它特殊的职责,学生干部应该

明确自己的职责范围。

当然班级管理工作分工不分家，既分工又合作。通过目标管理，责任分工，促进班级管理工作的协调、健康发展，有效地增强学生干部工作的主动性，彰显班集体的凝聚力，使班主任的工作更富有成效。

3. 培养学生干部的几种常用的方法

选拔学生干部只是一个前奏，关键是怎样培养他们，让他们各尽其能，得到充分锻炼。为此，班主任应制订计划，人尽其才。

首先，要“面对面”地常学习。对学生干部既要发挥他们的自主性，又要培养他们的自觉性，因此要经常带领学生干部学习行为规范、课堂常规、文明礼仪要求等。在不断学习的过程中，他们能够认识到自己应该怎样去做。他们每做一件事都有律可查，有规可循，为当好学生干部打下良好的思想基础。

其次，要“手把手”地教方法。学生干部光有好奇心、好胜心是不能管好班集体的，还需要老师给予适当的指导、扶持。例如，教室乱哄哄的，你是采取集体批评还是个别表扬？有同学找碴儿，你怎么对待？……当班干部有了方法，形成了习惯，班主任就可以“放手”了。

最后，要“实打实”地抓思想。有些学生干部不可避免地存在这样或那样的缺点，作为班主任要定期召开班委会，进行有效的引导，把问题消灭在萌芽状态。同时要时时提醒小干部发挥表率作用，以身示范，给同学们做好榜样。

4. 班级学生干部的考核方法

要求每位学生干部设立一份工作日志，每一次成功的经验，每一次失败的教训，其他同学对他们的批评和建议，班主任、老师对他们的表扬和建议，他们自己的总结和反思，都要让他们自己记录下来。通过工作日志，他们不断总结经验，改进方法，工作能力在一天一天地提高，身上的缺点和毛病在一天一天地改进。

建立正常的学生干部评比制度。如举行每月一次的“学生干部思想汇报会”，先让学生干部进行工作汇报让同学们做出评价。通过评比、汇报、双向交流，互相沟通，既培养了学生干部的自我教育能力和自我评价能力，也增强了班集体的凝聚力和向心力，班级管理也进入了良性循环的状态。

总之，对学生干部既要交给任务，又要教会方法；既要大胆使用，又要悉心培养；既要热情鼓励，又要严格要求；既要在培养中使用，又要在使用中培养。这也是班级文化和合思想的具体表现。

三、以“和合”为力推动与培养学生干部的策略方法

在小干部培养中，“我们不同，我们都好”的理念始终都在。因此，在和合思想文化的指引下，尽可能地面向人人，让更多的学生有机会参与班级管理，是我

们对班干部培养的一项重要原则。

(一)树立全员发展观念,实行学生干部轮换制

小学班队干部轮换制要顺利实施并取得预期效果,关键在于教师、学生、家长三方面观念、态度的转变。

1. 教师——变“习惯性任用”为“促发展培养”

由于教师特别是班主任老师在长期的班级管理中已经培养了一批班级干部,这些学生干部经教师指导和实践锻炼已经具备了较强的工作能力而成为老师们的得力助手,在班级工作中起到不小的作用,因此老师们具有一定的“习惯性任用”。要实行班队干部轮换制,必须使教师通过学习、思考从原来的“习惯性任用”转变为现在的“促发展培养”,并由让一部分学生先发展转变为让全体学生都发展。

2. 学生——变“被动等待”为“主动进取”

由于以往大多数学生缺乏担任班队干部的实践经历,长此以往便形成了“被动等待”的态度和习惯。老师安排什么做什么,不安排就“等待”。这种被动的态度不利于学生自主成长。因此,鼓励学生学会“主动进取”非常重要。激发学生主动参与班级管理的意识,为小干部营造良好的“工作氛围”,帮助小干部制订活动计划,及时肯定小干部的付出和成绩,调动小干部的工作热情,树立小干部的责任担当意识。

3. 家长——变“颇感无奈”为“期待、关注”

让孩子参与班级管理,是很多家长所期望的,希望孩子可以得到锻炼,但固有的干部选举方式,让很多家长也颇感无奈。班队干部轮换制带来了新的希望,意味着每一个学生都有机会施展才干。动员家长共同关心学生的发展变化,给他们以期待与关注。

(二)学生干部为主体,教师为主导,激励工作的积极性

学生干部在同学中的表率性,在班级中会产生一定的影响。因此,班主任可把班级、班务工作交给他们去做,培养他们自治、自理、自立的能力。但在班务工作中,学生干部往往由于工作方法不当而影响工作的顺利进展,此时,班主任应根据实际情况教给他们工作方法。当学生干部在学习上取得优异成绩时,班主任应恰当地给予表扬,请他们向同学们介绍学习经验,勉励他们再攀高峰,激励同学们互勉互助,共同进步,促进学生的发展,使他们成为同学们学习的好榜样。

第四节　静能生慧——自律慎独

“灵台清静，静能生慧，慧能生智。”《大学》曰：“知止而后有定，定而后能静，静而后能安，安而后能虑，虑而后能得。”在教育教学中，我们不仅要培养学生活泼开朗的性格、坚毅不拔的品格，更要培养学生独立思考、“静心”读书的学习品质，正如道家所说“静能生定，定能生慧”。在老师的教导下，“生性好动”的学生慢慢地学会从“静”中悟到更多的内容。这份“静”的智慧中有诸葛亮“非淡泊无以明志，非宁静无以致远”的大格局；有北大的“静园”教学楼以及亚里士多德潜心钻研的宁静吕克昂学院的高远……讨论“静”文化，首先要引领学生学会自律、学会慎独。

一、《论语》智慧与“君子慎独”

孔子曰：“学而不思则罔，思而不学则殆。”只会单纯吸收现成的知识，缺乏自己的独立思考判断，知识再多，也只是两脚书橱，与人生无关，与智慧无关。要将学习与我们的生命发生关系，有益于身心的发展，就必不可少地需要“慎独”的功夫。古人云，“莫见乎隐，莫显乎微，故君子慎其独也”，意喻隐匿和微小处更现真心，一个人独处时更要严格要求自己，谨慎小心。古人看到了独处和细微处放松自己的危害，倡导慎独慎微，提倡“吾日三省吾身”。

祖先的智慧指引着我们，对于今天的小学生来说，可能无法像继圣先贤那样“修己安人”，但如果能体会到“学而时习之，不亦说乎”的境界，也是很大的收获。

二、学会自律，成长的重要一步

“自律”最早是由孔子引入到道德领域，但“自律”一词最早出自《左传·哀公十六年》“呜呼哀哉！尼父，无自律”。当代书法家启功先生曾经为友人写下“慎独自律，修己安人”，这其中的智慧耐人寻味。学会自律是学生成长中重要的一步。那什么是“自律”呢？它和成长之间有什么样的关系呢？

（一）什么是自律

自律，可理解为遵循法纪，自我约束。自律是一种不可或缺的人格力量，没有它一切纪律都会变得形同虚设。真正的自律是一种信仰、一种自省、一种自警、一种素质、一种自爱、一种觉悟，它会让你发觉健康之美，感到幸福快乐、淡定从容、内心强大，永远充满积极向上的力量。[①]

（二）自律与成长的关系

问题发生时，如果问题超出我们的能力范围，这时就会产生情绪。我们知道情绪是来源于现实和期待之间的偏差。如果在这时，我们在不断地表达情绪（内耗），这里能量就会消耗。我们知道能量是有限的。如果系统一占用了大量的能量，那么此时系统二就无法去处理复杂的问题（能量被大量占用了）。如果我们能够直面现实，有意识地和小我对话，告诉自己所有的问题，就可以将其转化为成长的契机，承担自己该承担的责任。如果问题解决了，那我们的能力就获得了提升，就会实现自我价值的积累。实现了价值积累，我们自己就会成长。

（三）实现自律的方法和策略

1. 自我和谐、学会接纳

自律是一种能力，但学会自律首先要先接纳自我，实现自我的和谐。中国“和合”文化，讲究“天人合一”的自然观、“和而不同”的价值观。“和”既有《中庸》中“致中和”的“乃能容物”，也有现代心理学理论中的自我接纳与自我和谐。一个人在学生时代的和谐发展，是其整个人生和谐发展的奠基石。[②]

例如，在新冠肺炎疫情防控期间，很多学生都经历了线上学习，长期远离同学和老师，情绪状态也会随之起起伏伏。心理老师及时干预，通过心理微课的形式，帮助学生认识到：不管是积极情绪还是消极情绪，它都是属于自己的情绪。出现消极情绪不可怕，不要去抑制、否认、掩饰它，不要责备自己，对自己生气，只有坦然地承认接纳自己的情绪才能解决问题。同时，老师还通过教学生一些接纳自己情绪的练习方法来放松心情。尽管疫情形势严峻，但这样的心理干预方法帮助学生学会合理地自我调节，与自己和谐相处。不惧未来，心怀希望，向阳而生。

2. 管理时间、严于律己

时间对于每一个人来说都是非常重要的，它给勤奋者以智慧和力量，给懒惰者以空虚和懊恼。古人说：“一寸光阴一寸金，寸金难买寸光阴。”学会管理时间，学做时间的主人，这样才能有更多的时间去做更加有意义的事情，也只有学会了

① 参见兰涛编著：《自律胜于纪律——伟大不是领导别人，而是管理自己》，中国华侨出版社2012年版，第1页。

② 参见李红玲、陈平水：《浅议学生的和谐发展》，《山西农业大学学报》（社会科学版）2007年第1期。

管理自己的时间，才能做到严于律己，实现自律。

3. 体会责任，心中有爱

“天地位焉，万物育焉。”学会接纳自我，走向集体与社会，学生要想与身边的人和谐相处，就要学会明确自己的责任和意识，心中有爱，才能“老吾老以及人之老，幼吾幼以及人之幼”。集体荣誉感的建立，也会帮助学生督促自己学会自律。

管好自己，就是为班级争光

小F是班里出了名的淘气包，自律意识很弱，在集体活动中常常我行我素，没有自我约束的意识。但他心地善良，非常单纯。于是，有一天老师和他做了一次深入的谈话。

老师：“孩子，你爱我们的班级吗？”

小F：“老师，我很爱我们的班！”

老师：“说说你的想法。”

小F：“因为我喜欢老师和同学们，愿意和大家在一起！”

老师：“好，那作为班级的一员，你是不是特别希望我们的班级越来越好啊？”

小F：“是的，老师！”

老师：“那我希望你能答应我一件事：管好自己，就是为班级争光！”

小F看我良久，最后深深地点点头说：“老师，我记住了！”

从那以后，他的确进步了很多，在集体活动中也开始学着逐渐地自我约束，他在长大！

“管好自己，就是为班级争光”这句话对于很多班主任来说，可能是最常用的“习惯用语”之一。但班主任有没有帮助学生深刻解读过这句话呢？“管好自己”是最初的自律。因此，在日常的教育中，班主任都会渗透这种自我管理意识的培养，树立集体荣誉感。“为班级的荣誉而努力”，学习是这样，常规表现亦这样。只有树立班级的小主人意识，学生才能更好地学会自律。

张九龄《贬韩朝宗洪州刺史制》有云：“不能自律，何以正人。”在班级管理中，我们希望学生通过学习和培养能实现“从他律到自律”，从而实现内心的充盈、自发的成长。在这方面，教师要多从传统文化中汲取营养。不管是“仁学关爱”还是“有法有度”“道法自然”，教师对于学生的培养是建立在育人前提之下的，“因材施教”“人尽其才”。让优秀的班级文化在潜移默化的影响之下，自主生成，努力实现传统文化中“慎独自律，修己安人”的道德人格培养。

诗人北岛曾经写过一首小诗《回答》：

新的转机和闪闪星斗，
正在缀满没有遮拦的天空。
那是五千年的象形文字，
那是未来人们凝视的眼睛。

对于传统文化与班级自主文化的生成，需要有一个认识、发展和实践的过程，但教育就是在这样的潜移默化中不断融合，不断走向一种新的“和谐”。这也许就是新时代给予我们的机会和挑战。

第七章　传统文化与班级课程设计

追寻班级文化的“和合之美”，构建传统文化与班级文化的融合体系，其重要的载体就是班级课程的开发与设计。站在学校教育的场域，课程“应当基于认识和理解自身所从来的文化，在理解、认同和传承本民族优秀传统文化的基础上，尊重并吸收外来文化的积极因素，对本民族文化进行创造性转化和创新性发展，这既是国家软实力建设的重要内容，也是关乎民族前途命运的重要指标”[①]。缺失传统文化的学科课程和德育工作，注定是缺少育人实效的。因此，我们在课程设计时要尊重儿童成长的过程，注重通过儿童已有的经验获得新的经验来达成目标，而不是只看重记忆结构式的知识，实现儿童获得经验方式“逻辑与心理的一致性”。因此，我们在传统文化的班级课程设计中也遵循了这一规律。

重视富有文化韵味的班级课程，对学生当下的学习、集体合作意识和未来健康的人际关系，都有重要的影响。本章中，我们将介绍传统文化对班级课程的影响，重点介绍传统文化视域下的班级隐性课程体系的构建与评价。那什么是隐性课程呢？下面，我们先从显性课程和隐性课程讲起。

第一节　班级课程的构建与影响

班级课程按照呈现形式可以分为显性课程和隐性课程。本节主要围绕两种课程的区别与联系进行概述，希望能够给大家提供一定的帮助。

对于隐性课程，东西方文化有着不同的解读，但如果溯本求源，会发现各方对隐性课程的理解和认识有着异曲同工之处。下面就让我们沿着历史的足迹，寻访“隐性课程”的前世今生吧。

---

① 参见刘妍等：《文化理解与传承素养：21世纪核心素养5C模型之一》，《华东师范大学学报》（教育科学版）2020年第2期。

一、理解概念

《论语·子路》记载，孔子的弟子子路问老师："卫国国君期待您去施政治国，您准备首先做什么？"孔子回答说："必须正名乎！"每个事物都有一个名字，这个名字含有一定的含义。隐性课程是当今课程理论界研究的重要领域，是相对于显性课程而言的。显性课程是指学校教育中有计划、有组织实施的正式课程。而隐性课程又叫潜在课程、潜隐课程、隐蔽课程，是学生在学习环境（包括物质环境、社会环境和文化体系）中所学习到的非预期或非计划性的知识、价值观念、规范和态度。"隐性课程"这个名词是舶来品，英文中除 Hidden Curriculum 之外，还有 Covert Curriculum、Invisible Curriculum、Unformal Curriculum 等。①

隐性课程从柏拉图时代就已有记载。20 世纪初，杜威提出"附带学习"，即伴随具体内容的学习而形成的对所学内容以及学习过程本身的情感、态度等。后来克伯屈进一步发展了杜威的思想，指出人的学习包括三个部分，即主学习、副学习和附学习。其中，附学习指"比较概括的理想、态度及道德习惯，它是逐步为学生获得的，一经获得，就持久地保持下去，影响人的一生"。杜威的附带学习以及克伯屈的附学习为后来隐性课程的研究打下良好的基础。而最早正式提出隐性课程的是杰克逊，他于 1968 年在《班级生活》中首次提出隐性课程。杰克逊通过分析教室中的团体生活、报偿体系和权威结构等特征，指出正是学校这些不明显的特征形成了独特的学校气氛，在学校里学生不仅接受了读写算等文化知识，而且获得了思想态度、纪律、价值观念和其他心理成长等，后者的习得是经由非学术的、非官方的途径，暗暗地、潜在地和间接地传递给学生的。杰克逊称这种非学术经验为隐性课程。隐性课程是每一位教师和学生在学校内取得成功的关键，它根源于班级生活的结构特征，隐性课程与显性课程共同构成学校课程的整体。20 世纪 70 年代后期，崛起了与杰克逊等人观点对立的批判课程理论。批判课程理论进一步深化了对隐性课程的研究，可以分为两个方面：一方面是以美国激进主义学者鲍尔斯和金蒂斯为代表的再生产性隐性课程，另一方面是以美国教育家阿普尔、吉鲁、威利斯为代表的抵制性隐性课程。鲍尔斯和金蒂斯指出："隐性课程是指那些包含着特殊信息的班级社会关系，这些特殊信息使维持资本主义逻辑和合理性的特殊价值观、社会规则观、权威观和劳动观得以合法化。"阿普尔则将隐性课程界定为："学校默许地、高效地灌输给学生的被合法化了的文化、价值和规范，是发挥着霸权功能的日常意义体系。"从杰克逊等人的结构功能主义隐性课程到生产性隐性课程再到抵制性隐性课程，西方对于隐性课

① 参见刘卫卫：《生态文化视野下语文隐性课程的开发》，山东师范大学硕士学位论文，2010 年。

程的研究一步步深化。

隐性课程有着不同的定义，但这些定义有着共同点。对隐性课程可做如下理解。

第一，隐性课程是学生在无意识下习得的。学生没有意识到自己在习得知识经验，也没有学习目标，目的性不强。但正因为是在无意识状态下习得，所以习得隐性课程的过程中心情放松，学习过程不易疲劳，所习得的知识经验具有长久性，可以影响终身。

第二，隐性课程是由教育者以潜隐的、间接的方式呈现给学生的。教师并不明确告诉学生所要传授的知识技能、价值规范等，更不明确提出教学要求，而是以潜隐暗含的方式，让学生在不知不觉中习得知识经验以及价值观念。

概括来说，隐性课程有两种存在形态。一是非预设的隐性课程。这种课程没有经过有目的、有计划的组织设计，对学生的影响是自发的，但却产生了重要的影响。二是预设的隐性课程。这种课程经过了有目的、有计划的组织设计，预期对学生产生审美熏陶作用。

二、区别与联系

隐性课程对于某一个或某几个课程主体来说总是内隐的、无意识的；而显性课程则是以直接的、明显的方式呈现的课程，它对课程的实施者和学习者来说都是有意识的。显性课程的实施总是伴随着隐性课程，而隐性课程也总是蕴藏在显性课程的实施与评价过程之中的。隐性课程可以转化为显性课程。当隐性课程中存在的积极或消极的隐性课程影响为更多的课程主体所意识而有意加以控制的时候，隐性课程便转化为显性课程。

三、隐性课程的教育影响

从教育实践角度来看，在学生成长的关键期，显性课程的影响是有限的，教师更多是借助隐性教育的影响。

第一，隐性课程是进行德育的重要手段。美国著名道德教育理论家柯尔伯格指出，隐性课程作为道德教育的重要手段，比正规课程更加有力。因此，他要求利用潜在课程进行道德教育，强调潜在课程的德育功能，也说明了隐性课程的重要地位。

第二，隐性课程是学生健康成长的重要营养。学生的成长并不是仅仅靠知识和技能的掌握、能力的具备就能得到发展，很大程度上，学生主体发展质量的高低、速度的快慢与其是否具有理智感、道德、美感等高级情感，以及是否有坚强的意志作为动力密切相关。高级情感和意志等恰恰是在隐性课程的作用下形成的。高尚的情感和坚强的意志能促进学生的全面发展，对学生的言行举止、处世方式乃至世界观的形成产生重要的影响。[①]

第三，隐性课程能激发学生的潜在学习力。教育心理学的研究表明，任何知识的学习过程，都包括一系列复杂的心理活动。其中一类是有关学习积极性的，如注意力、情感、情绪、意志等；另一类是有关认识过程本身的，如感觉、知觉、记忆、想象和思维等。前者与个性特征和学习动机密切相关，它对认识过程积极效果有很大的影响；后者则直接涉及学习本身。隐性课程中，教师对学生积极的态度和较高的期望，使学生产生心理上的追求，提高自我学习的能力，对学生学习有积极的效果。

第四，隐性课程有助于提高他们发现美、欣赏美、创造美的能力。我们的教育不仅要对学生进行知识能力的培养，更要对学生进行自然美和社会美的熏陶，不断使学生形成发现美、欣赏美和创造美的能力。苏霍姆林斯基(Suhomlinski)曾说："这种对周围世界的美感，能陶冶学生的情操，使他们变得高尚文雅，富有同情心，憎恶丑行。"校园中的自然环境、校舍建筑、室内摆设布置都具有一定的审美价值。严谨求实的校风、良好的人际关系、老师强烈的责任感都会对学生产生美的熏陶，使学生的思想、行为变得更加美好，有利于健全人格的培养。

四、隐性课程的表现形式

学校隐性课程的表现形式主要分为：物质隐性课程、精神性隐性课程、制度性隐性课程、心理性隐性课。

(一)从古今校园环境创设中谈物质隐性课程的影响

"蓬生麻中，不扶而直；白沙在涅，与之俱黑"，讲的就是环境文化对人具有潜移默化的影响。

1. 古代书院优雅的校园环境与富有人文意蕴的空间布局对学生潜移默化地影响

古代书院优雅的校园环境体现在两个方面：一是古代书院的外部环境追求清净，选择优雅、远离尘嚣的山林圣地。它不仅重视人与环境的协调，而且善于充分利用自然和人文景观特色。二是通过命名题词、嵌碑立石、匾联语录等，突出表现其教化内容、修身之道。

① 参见杨海燕：《从中国古代书院看隐性课程体系建构的若干理念》，《现代教育论丛》2008 年第 9 期。

2. 校园文化环境的现代解读

学校的一草一木、一人一物、一举一动都应当成为校园文化环境的名片和符号，例如学校的墙面文化、教室文化、橱窗和板报文化。[①]

(1)墙面文化。主要表现在校园内各幢楼宇的命名，也表现在教室墙壁上的挂图：墙上悬挂的伟人、英雄、科学家、革命烈士画像，激发学生热爱先辈和英雄的感情；墙上悬挂的学生优秀书画作品，既鼓励学生特长的发展，又使校园增添艺术的感染力；墙上点缀警句格言，使学生产生积极向上的力量；校园墙壁上随处可见的人性化标语提示，无声地熏陶着学生的品格情操……

(2)教室文化。主要表现在教室里的每一面墙壁上、每一个角落里，具有丰富文化的教室应该让每面墙壁都会说话，每一个角落都会传情启智，让有限的教室空间生发无限的教育资源。在洋溢着人性光辉的教室文化里，学生时时感受到人文的慰藉、艺术的熏陶和大师的召唤。

(3)橱窗和板报文化。它们如一只无形的手递来的一张“名片”，不仅能显示学校的文化形象，也是学校传递文化信息的重要窗口，橱窗板报关乎审美意识和审美取向，关乎学校外在形象，关乎管理细节，关乎师生的校园生活内容和方式，也关乎学生的权益与义务，是学校文化内涵的外显，更是传承优秀传统文化的可鉴之途。

在校园环境中，学生得以净化心灵、陶冶情操，培养社会责任感和勤劳拼搏的职业精神。陶行知先生指出：“学校生活的外部环境和学校生活的内部环境，都是影响人的巨大力量。”这个力量便是隐性课程的力量。

(二)从校风校训的建构谈精神性隐性课程的力量

校风是学校精神文化的集中体现，反映了学校的精神境界、学术及文化氛围。校风由“教风”“学风”两方面组成，二者均能明显地内化于具体的教学、管理及课程实施过程中。比如优良的教风可以表现为教师严谨治学、公正待生等具体的教育教学行为，优良的学风可以明显体现为学生志存高远、求学进取、勇于质疑等学习品质。此外管理制度也能体现出校风的精神，如20世纪清华大学研究所的章程曾规定：“研究生各项考试，均以70分为及格，学年平均成绩不及65分者，即令退学。”这种严格的管理制度，对大学生学习起到良好的督促作用，使学生形成了用功好学的好风气。

校训是一所学校对其文化传统、文化精神的理性抽象和认同，也是学校精神文化的集中体现。“允公允能，日新月异”是对南开大学办学理念的凝练、治校传

① 参见由洪晓：《校园文化建设中不该忽视的细节》，《教书育人》2007年第35期。

统的升华，显示了南开人独特的价值取向和精神品质。正如喻传鉴先生所说："'公、能'二字，为全校精神之所寄，先生之所施教，本此二字，学生之所努力，也本此二字。"（喻传鉴《论南开教育》）"允公允能"语本《诗经·鲁颂·泮水》"允文允武，昭假烈祖"。允公允能，意即既有公德，又有能力，德才兼备。张伯苓的本意是要使南开学生具有"爱国爱群之公德，与夫服务社会之能力"。"日新月异"，语本《礼记·大学》"汤之盘铭曰：苟日新，日日新，又日新"，意即与时俱进，每天每月都有新的变化，形容进步、发展很快。

南开大学把教育目的、办学方向、培养目标具象为广大师生奋斗的目标和时刻追求的理想，使校训更加贴近教师和学生，从而在学校群体中成为一种具有心理制约作用的行为风尚。实践证明，"公、能"作为南开大学的一种人文底蕴、学脉渊源，一种精神所向，一种凝聚力，不仅塑造了南开大学鲜明的办学特色，而且积淀成为贯穿于学校历史的、内在的，能赋予学校永久生命力的精神力量。

（三）从"规矩与方圆"谈制度性隐性课程

"没有规矩不成方圆"，不管是一所学校还是一个班级，完善的制度都是其正常运行的保障。制度性隐性课程包括学校管理体制、学校组织机构、班级管理方式、班级运行方式。

如果我们把班级物质环境看作一种"硬件"，那么，班级的组织和制度则是一种"软件"。而这种"软件"作为一种强制性的管理，是学生学习和生活秩序的保障。同时，我们也应该注意到，由于隐性课程自身的特点决定了它无法像显性课程一样有着明确的保障措施和预先的计划性。隐性课程与显性课程作为课程的一部分，同样持久而重要。因而在班级内部建立起严格的规章制度是保障隐性课程实施的一项重要措施。①

（四）从《琴诗》谈心理性隐性课程

心理性隐性课程重点强调人的影响，也就是人际关系对学生成长的影响。这既包含了师生之间的关系，也包含同学之间的交往。人生活在社会群体中，人的活动是在与人的交往中得以展开的，人也只有在人际交往中获得发展。人在人际交往中会表现出一定的行为方式，体现出一种行为文化。这种行为文化又对人产生重要的影响。教育活动同样是一种社会活动，是一种教师与学生、学生与学生之间的交往活动。

在学校教育活动中，建立新型的师生关系是新课改的核心问题。课程教学

---

① 参见周丹：《隐性课程：人格特质培养的有效途径》，吉林大学硕士学位论文，2008年。

是师生双方的互动过程，只有双方密切配合才能够取得良好的教学效果。苏轼在《琴诗》中说："若言琴上有琴声，放在匣中何不鸣？若言声在指头上，何不于君指上听？"弹琴既需要手指又需要琴。在师生关系中，师生互动的主导者依然是教师，教师的权威地位使得教师以其规定的动态系统改变学生希望的动态系统之可能性，要远大于学生以其希望的互动系统取代教师规定的互动系统之可能性。教师不仅向学生传授知识，而且在这一过程中教师的言谈举止都体现出其人格修养和道德素养，蕴含着隐性课程的因素。这种隐性课程直接影响着学生的人文素养。著名教育家陶行知先生认为："要学生做好事，教职员躬亲共做；要学生学知识，教职员躬亲共学；要学生守规矩，教职员要躬亲共守。"教师只有以身立教、为人师表，才能让学生信服，才能以自己的人格魅力来征服学生、感染学生。凡是要求学生做到的，教师应该首先做到。无数的教育实践证明，身教重于言传。

在学校中，除了处理与教师的关系之外，学生还必须面对另一种人际关系即生生关系。学生与学生之间由于年龄相同、学习环境相同，必定会有一些相同的兴趣爱好和价值观念，从而形成一个个小圈子。在这个圈子中，学生的角色是多变的，可以是其他学生的教育者，也可以是其他学生的教育对象，还可以是评价者，在这多种角色的转变中，他们彼此交往，既相互竞争又相互促进。学生系统也是一个生态系统，这一生态系统经历学生与学生之间的相互交流、碰撞之后，会形成一种包含道德取向、价值观念和行为方式的行为文化。这一文化被每一位学生所认同，又感染、熏陶着每一位学生。

第二节　传统文化视域下的班级课程

中华优秀传统文化的多姿多彩决定了中小学优秀传统文化教育内容的丰富性。传统文化教育不仅包括道德教育，还包括知识技能教育、思维方法训练、方法论教育等。因此，传统文化视域下的班级课程内容也是精彩纷呈的，指导课程的思想维度也呈多元化。

一、传统文化课程内容

（一）诚信教育

诚信是中华民族的传统美德，是社会主义精神文明的重要组成部分，也是学校道德教育的基本内容。中小学时期，是学生道德观念形成的重要阶段，是人生观、价值观形成的初步阶段，因此是进行诚信教育的大好时机。

“信”在我国可谓源远流长，春秋时期著名政治家管仲曾将“诚”与“信”连用，明确指出：“先王贵诚信。诚信者，天下之结也。”诚信是一个永恒的话题，原因就在于：对个人而言，诚信是成就中小学生道德人格、造就小学生善良人伦不可或缺的重要条件；它也是中小学生在未来社会生活中立身处世的基石。我们应当充分运用中华优秀传统文化中的道德教育资源，利用各种教育渠道，全方位传递诚信知识和诚信价值；通过促进儿童道德思维的成熟，帮助儿童建立良好诚信观；通过营造积极的诚信道德氛围，为儿童诚信观的发展提供助推器。

（二）文明礼仪教育

荀子曾说过：“人无礼则不生，事无礼则不成，国家无礼则不宁。”（《荀子·修身》）。孔子也说过：“不学《诗》，无以言……不学《礼》，无以立。”（《论语·季氏》）在社会生活和人际交往中，礼仪是用于沟通思想、交流感情、表达意愿、促进了解的一种有效形式，是人际交往中不可缺少的润滑剂和纽带。对个人来讲，礼仪是一个人思想文化素质、道德素养和交际能力的外在表现。在人们的交往与合作日渐频繁、密切的当今，礼仪是否周全，不仅显示其修养、素质和形象，而且直接影响到事业的成败。[①]因此，礼仪不仅是一个人内在精神的重要体现、一个人深层道德品质的外现，而且也是一个人在社会交往和社会生活中获取成功的基石。对社会来讲，礼仪是精神文明建设的重要组成部分，是一个社会文明程度、道德风尚和生活习惯的反映。因此，礼仪无论对个人还是对一个民族都具有重要意义。所以，文明礼仪成为学校教育的必要内容。英国著名哲学家约翰·洛克(John Locke)曾说过：“礼貌是儿童与青年所应该特别小心地养成习惯的第一件大事。”所以，在性格形成关键时期的中小学教育阶段，礼仪教育更是必然中的必然。

礼仪教育不是一般的礼貌教育，而是一种道德修养、健全人格的教育。礼仪教育对中华民族来说，既是一个古老的教育问题，也是一个被赋予时代新特点的审美教育课题。中小学时期，既是奠基人的性格雏形的时期，又是学习做人的奠基期，中小学时期成功的礼仪教育，将会提高整个德育系统工程的质量。

（三）仁爱教育

孟子讲“人皆有不忍人之心”，“恻隐之心，仁之端也”，其内涵就是强调人的

---

① 参见肖晓：《礼仪修养是当代大学生必备的素质》，《成都理工大学学报》（社会科学版）2003 年第 4 期。

爱心是品德形成的前提。仁爱教育的实质是一种情感教育，从情感教育入手，培养中小学生对祖国、父母、师长、朋友、邻里的感情，以及对生命、环境、地球的感情。心理学研究表明，儿童的发展以情感为先，未成年人的仁爱教育首先是一种情感交流，没有心灵的关怀，就没有儿童的成长。因此，要引导中小学生从感受爱到产生爱，从关心父母、亲人到关心教师、长辈，从关心朋友、同伴到关心同类群体，从关心家庭、班级到关心学校、社会，从关心祖国到关心全球。仁爱教育不仅是未成年人亲社会人格建构的基础，也是美善人性养成的生态源泉。

（四）感恩教育

感恩教育就是运用一定的教育方法与手段，引导学生逐渐养成感恩的心态，并通过一定的教育内容，使“感恩”成为受教育者不自觉的思维意识和行为习惯，并作为个人个性品质的组成成分而持久地存在。使学生对亲人、对他人、对社会、对自然常怀感激之心，使受教育者不仅能识恩、知恩、感恩，而且能报恩和施恩。它是一种以情动情的情感教育，是一种以德报德的道德教育，更是一种以人性唤起人性的人性教育。感恩教育的关键是唤起学生感恩这一基本道德情感，让他们理解父母、老师、朋友的给予和关爱，只有理解才懂得感激、感恩，并将感恩提升到更高的境界，感恩社会、国家、大自然。

“感恩”在我国可谓源远流长，国人向来推崇“投之以桃，报之以李”和“滴水之恩，当涌泉相报”之理，唾弃“忘恩负义”“恩将仇报”之行为。在我们的传统文化里记载了数不尽的感恩故事，如“望云思亲”“上书救父”“彩衣娱亲”“哭竹生笋”“打虎救父”“笼负母归”“鹿乳奉亲”“羊羔跪乳，乌鸦反哺”“一饭千金”“士为知己者死”“伯牙摔琴绝弦”以及表现感恩的诗歌，如“谁言寸草心，报得三春晖”“落其实者思其树，饮其流者怀其源”，等等。这些感恩故事与诗歌共同诠释了中华民族的感恩情怀，也是我们进行感恩教育的丰厚资源。

心存感激、知恩图报是中华民族的传统美德，它不仅是一种情感，更是一种处世哲学、人生境界。然而当今感恩意识的缺失已是普遍现象，现代社会已经成为“独生子女时代”，家庭对独生子女娇惯、溺爱，而学校又片面追求学业成绩，对感恩教育重视不够。这样的溺爱与教育，导致学生以自我为中心，不关心他人，不懂感激、不会感谢、不愿感动，缺少感恩之心。通过感恩教育，引导学生逐步形成良好的个性和健全的人格，让他们感念父母之恩、祖国之恩、自然之恩，把感恩之情化为强烈的责任感，用“刚健有为，自强不息”的奋斗精神激励学生树立远大目标和高远志向，并切实付诸行动，使他们成为关心他人、服务社会、忠于祖国的道德高尚的有用之才。

(五)和谐教育

和谐思想源远流长,是和谐教育的理论依据。《国语·郑语》说:"和实生物,同则不继。"《尚书》说:"克明俊德,以亲九族;九族既睦,平章百姓;百姓昭明,协和万邦,黎民于变时雍。"《中庸》也讲:"喜怒哀乐之未发,谓之中;发而皆中节,谓之和;中也者,天下之大本也;和也者,天下之达道也;致中和,天地位焉,万物育焉。"《周易》的"阴阳五行"和《道德经》的"天人合一"等,表达的都是和谐思想。

2500多年前,孔子提出"礼之用,和为贵"的和谐教育主张,荀子提出了用知识、才智、品质来全面、完美地培养"成人"。明代王守仁认为和谐教育思想乃是"先王立教之微意",是我国自古以来兴教育之根本目的。康有为则第一次明确提出了学生要在德智体几方面协调发展的教育思想。王国维强调教育之根本目的就是要培养身心两方面均获得和谐发展的"完全人物"。

和谐教育作为一种教育理想,应该成为教育的一贯追求。进行中小学优秀传统文化教育应以和谐思想为理论依据,整合学校系统中诸要素和各层次的关系,优化中小学生发展的各种条件,构建出学校独特的精神生活和整体教育环境。学校同时与家庭、社会建立和谐的教育关系,最终建造学生个体生命和谐发展的理想乐园,建立和谐的师生关系,进而造就学生和谐的个性。

二、传统文化课程案例

在课程思想维度的引领下,班级传统文化课程的开发呈多元化发展。例如,"中华时令课程""传统节日课程""礼·乐·艺课程"等内容,适合于小学1—6年级的不同班级。在课程的整体构建方面,结合不同年龄学生的认知特点又会有不同的内容设计,详见本章第四节。下面是班级传统文化课程内容的整体建设。

中华时令课程:重点引导学生学习了解时令节气的知识,培养学生的认知能力、思维能力和实践能力。

传统节日课程:重点培养学生对中华传统节日的认识,树立文化自信和民族自信。

礼·乐·艺课程:培养学生对传统文化礼仪、音乐、舞蹈、绘画等的亲切感和认识能力,提高学生的传统文化修养和初步的鉴赏能力。

只此青绿

模块一：中国绘画——青绿山水

学习目的和教学基本要求：以王希孟《千里江山图》为例，欣赏中国绘画之美。

重点难点：感受中国绘画之美，了解绘画欣赏的基本知识。

模块二：传统服饰和礼仪——服饰华美、礼仪庄严

学习目的和教学基本要求：了解中国传统的汉民族服饰，服装的分类和组成、汉服复兴的意义。首先，了解中国传统礼仪，如诞生、冠礼、婚礼、丧礼。其次，初步了解衣礼偕行，衣冠和礼仪是一个民族最重要的文化遗产，是建立民族自豪感和民族自尊心的基础。

重点难点：体会夏礼的庄重，了解礼仪的意义。

模块三：汉乐舞蹈——礼乐文化与汉乐舞蹈

学习目的和教学基本要求：以舞蹈史诗剧《只此青绿》为赏析范本。首先，让学生了解传统的音乐和乐器、古典舞蹈。其次，学习礼乐文化，了解古人对礼乐的重视，在很多礼仪场合，都需要音乐和舞蹈，同时它们也是日常生活的重要组成部分。最后，鼓励学生亲自弹一弹古琴，穿一穿水袖，感受传统文化。

重点难点：了解音乐与舞蹈的分类和发展，体会乐舞的礼仪意义。

模块四：诗歌文化——璀璨的篇章

学习目的和教学基本要求：诗歌是中华文学中最优美的部分。从《诗经》开始，介绍历朝历代的优秀诗歌。从风骚到乐府，到唐诗宋词元曲，数不尽的壮丽诗篇。重点介绍近体诗的格律，要求同学们试着按照格律来写一首近体诗。

重点难点：诗歌赏析并尝试创作近体诗。

三、传统文化课程评价

1. 鼓励使用多种评价方法

根据不同评价对象、不同学习主题或学习方式，开展有针对性的评价。主要方法包括：活动记录册或成长资料袋评价；观察法评价，即通过对行为习惯、情感情绪、操作应用、活动状态等方面的观察，进行综合性评价；作品展览及分析评

价;研究性学习过程评价;访谈及问卷评价;等等。重视评价主体的多元化,鼓励学生自评、他评、家长评、活动评委评等。

2. 关注学习过程

重视学生活动过程的评价,对学生文化辨析、认知和文化行为生成过程中的表现、所取得的成绩以及所反映的情感、态度、策略等方面的发展做出评价。

3. 重视关注学习成果评价

重视学生的文化体验和领悟;重视学生行为习惯的养成;重视将所学内容转化为价值评判能力和道德实践能力;重视学生价值观的形成和文化素养的提高。

第三节　班级传统文化课程的开发与实施

传统文化视域下班级课程的开发与实施涉及课程开发的背景、课程目标、课程内容、课程实施、课程评价、课程建设经验、课程建设成效、存在的问题和困惑等内容,同时还需要有前期的调研、课程的论证和课程的整体设计。下面以中华时令课程的开发与实施研究为例,向大家介绍班级传统文化课程的开发与实施。

一、课程背景

"二十四节气"是中国古代农业文明的具体表现,具有很高的农业历史文化研究价值。2006 年,"二十四节气"被列入第一批非遗代表名录。其是中国传统文化的载体,体现了中国人传统的大自然观。本课例以"二十四节气"为线索,以"二十四节气"或节日为契机,根据四季的变化,观察日月星辰及其他自然景物,通过挖掘教材中的"时令"文化元素、构建"时令"课程,开发"中华时令"与学科融合的实践活动,引导学生观察春夏秋冬,倾听自然,感受传统文化的魅力,帮助学生提升综合能力。

二、课程目标

传统文化视域下的中华时令课程,是德育课程的主要实践途径。传统文化课程坚持以文化人,注重知行合一,以增强小学生对民族文化和社会主义核心价值观的认同感和自信心,将中华优秀传统文化的精华要义内化于心、外化于行,使中华优秀传统文化得以弘扬光大、中华传统美德薪火相传。中华时令课程分为四个实践维度——知、情、意、行，分别体现了学生认知、情感、思维、行为的过程，从了解到触动，再到思考与行动，是一个逐步上升逐步整合的过程。中华时令课程的开发与实施，旨在引导学生了解中华传统时令节气知识，培养学生对中华传统文化的亲切感和感受力。课程目标如下。

(1)通过中华时令课程开发实施的研究，引导学生学习了解时令节气的知识，培养学生的认知能力。

(2)通过中华时令课程开发实施的研究，培养学生对中华传统文化的亲切感。

(3)通过中华时令课程开发实施的研究，培养学生的探究思维能力。

(4)通过中华时令课程开发实施的研究，鼓励学生大胆实践、勇于探索，将"知、情、意"付诸行动。

三、课程内容

行知小学一直重视传统文化育人课程，从知、情、意、行四个维度设计课程内容(见图 7-1)。

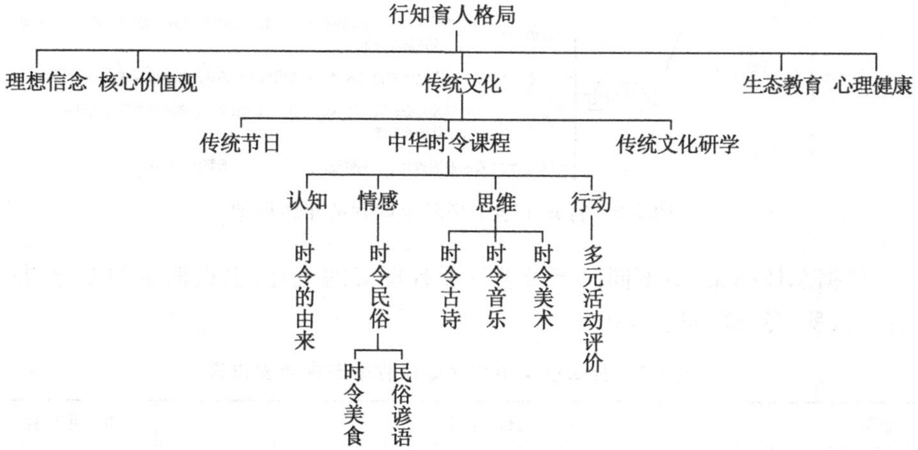

图 7-1　行知小学德育校本课程框架

根据不同年级学生的年龄特点，构建了中华时令课程的年级框架(见图 7-2)。

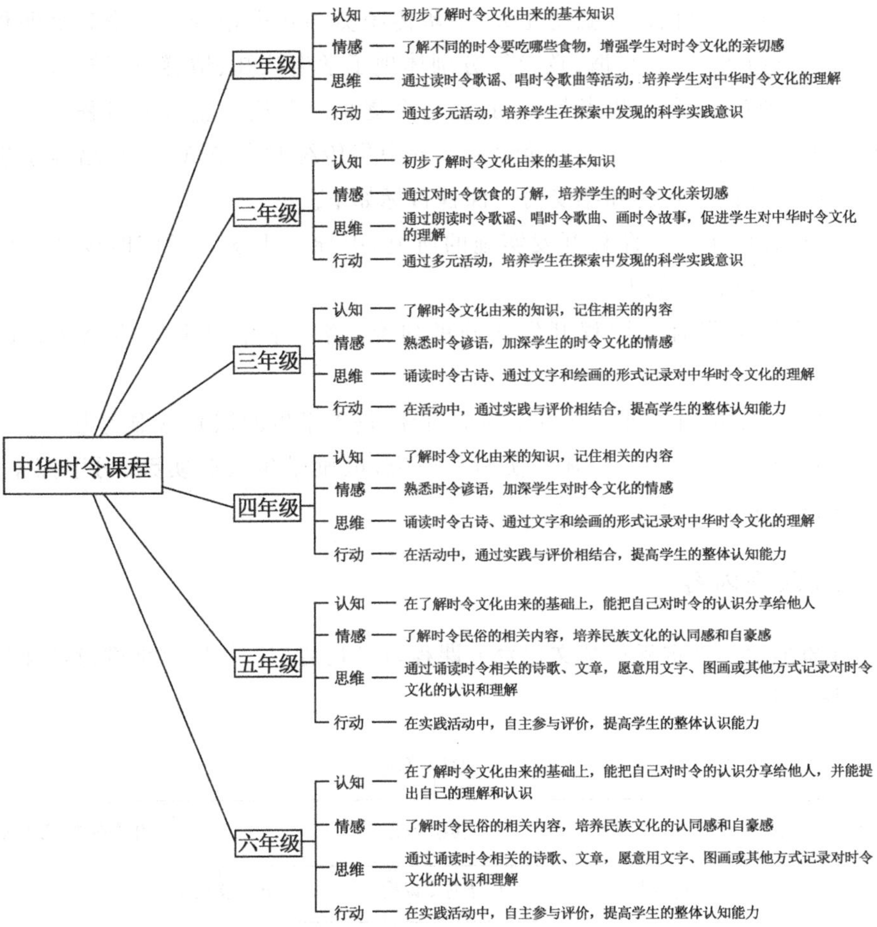

图 7-2 行知小学中华时令课程的年级框架

依据总体框架，对不同的年级进行课程框架的梳理，根据四季的变化，推出“春、夏、秋、冬”篇（见表 7-1）。

表 7-1 行知小学中华时令课程季节内容安排表

季节	课程内容	时间安排
春季	1. 立春：立是开始的意思，立春就是春季的开始 2. 雨水：降雨开始，雨量渐增 3. 惊蛰：蛰是藏的意思。惊蛰是指春雷乍动，惊醒蛰伏在土中冬眠的动物 4. 春分：分是平分的意思。春分表示昼夜平分 5. 清明：天气晴朗，草木繁茂 6. 谷雨：雨生百谷。雨量充足而及时，谷类作物能茁壮成长	二月（1 课时） 三月（4 课时） 四月（4 课时）

续表

季节	课程内容	时间安排
夏季	7. 立夏：夏季的开始 8. 小满：麦类等夏熟作物籽粒开始饱满 9. 芒种：麦类等有芒作物成熟 10. 夏至：炎热的夏天来临 11. 小暑：暑是炎热的意思。小暑就是天气开始炎热 12. 大暑：一年中最热的时候	五月(4 课时) 六月(4 课时)
秋季	13. 立秋：秋季的开始 14. 处暑：处是终止、躲藏的意思。处暑是表示炎热的暑天结束 15. 白露：天气转凉，露凝而白 16. 秋分：昼夜平分 17. 寒露：露水以寒，将要结冰 18. 霜降：天气渐冷，开始有霜	九月(4 课时) 十月(4 课时)
冬季	19. 立冬：冬季的开始 20. 小雪：意味着开始下雪 21. 大雪：降雪量增多，地面可能积雪 22. 冬至：寒冷的冬天来临 23. 小寒：天气开始变得寒冷 24. 大寒：一年中最冷的时候	十一月(4 课时) 十二月(4 课时)

根据学生认知特点，不同的年级又设计适合本年级学生的版块内容，以二年级为例(见表 7-2)。

表 7-2　二年级中华时令课程安排表(春季)

课程维度	版块内容	模块目标	课时安排
认知	认识时令的由来	初步了解时令文化由来的基本知识	2 课时
情感	了解时令民俗	通过对时令饮食的了解，培养学生的时令文化亲切感	3 课时
思维	时令歌谣、音乐、美术	通过朗读时令歌谣、唱时令歌曲、画时令故事，促进学生对中华时令文化的理解	2 课时
行动	开展多元活动评价	通过多元活动，培养学生在探索中发现的科学实践意识	2 课时

在课程框架细化实施后，从学生的反馈中，我们发现学生对时令课程有浓厚的兴趣。从季节的变化、时令的更替，结合学校校本课程的统筹安排，以学期为单位，各年级设计了适合本年级学生特点的活动内容，部分课程还通过与学科、社团相结合的形式对中华时令课程进行了新的建构。以 2021 年下半年三年级课程内容为例(见表 7-3)，根据时间推进顺序，将时令课程按月进行规划，制定更详细的课程目标，使课程内容更加丰富系统。

表 7-3　三年级下学期中华时令课程安排表

时间	课程内容	课程目标	时间安排
九月	1. 立秋	知道“立秋”是秋季的开始	1 课时
	2. 处暑	了解“处暑”的由来，处是终止、躲藏的意思。处暑是表示炎热的暑天结束	1 课时
	3. 白露	1. 了解“白露”的由来　2. 了解“白露”的民俗特点	1 课时
	4. 秋分	知道“秋分”当日，昼夜平分	1 课时
十月	5. 寒露	知道“寒露”的由来：露水以寒，将要结冰	1 课时
	6. 霜降	了解“霜降”的特点：天气渐冷，开始有霜	1 课时
十一月	7. 立冬	知道“立冬”是冬季的开始	1 课时
	8. 小雪	了解“小雪”意味开始下雪	1 课时
十二月	9. 大雪	知道“大雪”代表降雪量增多，地面可能积雪	1 课时
	10. 冬至	1. 知道“冬至”的由来　2. 了解“冬至”的民俗特点	1 课时
	11. 小寒	知道“小寒”的特点：天气开始变得寒冷	1 课时
	12. 大寒	“大寒”是一年中最冷的时候	1 课时

四、课程实施

(一)挖掘教材中的时令文化元素

《陶行知教育箴言》指出：“生活教育与教学做合一之总要求：我们要活的书，不要死的书；要真的书，不要假的书；要动的书，不要静的书；要用的书，不要读的书。总体来说，我们要以生活为中心的教学做指导，不要以文字为中心的教科书。”[1]在科学技术日新月异的今天，让学生能在生活中感知传统文化的魅力，可借鉴的方法有很多，例如中华时令文化就很好地把传统文化与现实生活及学生的学习做了很好的结合。二十四节气中包含的文化知识和文化韵味，体现了中华民族身上流淌的文化基因。以语文学科为例，通过深入研究小学语文统编教材中的二十四节气传统文化元素，进行校本课程的开发与实践，展开一系列二十四节气专题教育教学活动（见表7-4）。

表7-4　小学《语文》统编教材中二十四节气课程开发（部分）

	单元	与节气相关的教材内容	页码	相关节气链接
一年级上册	第四单元	课文：《秋天》	54	感受白露、秋分、霜降节气之美
		课文：《四季》	60	了解立春、立夏、立秋、立冬时节变化
		和大人一起读：《春节童谣》	114	拓展大寒节气活动
一年级下册	第五单元	课文：《古对今》	56	渗透二十四节气冷暖变化及景象特征
二年级上册	第一单元	课文：《田家四季歌》	23	了解二十四节气与农业生产、人民生活的紧密联系
二年级下册	第六单元	古诗：《晓出净慈寺送林子方》、杜甫《绝句》	71—72	吟诵、积累夏天几个节气的诗词
三年级上册	第一单元	口语交际：我的暑假生活	9	开展小暑、大暑、立秋、处暑节气研学活动
三年级下册	第二单元	习作：看图画，写一写	28	开展春风、清明节气习俗活动，比如踏青、放风筝等
四年级上册	第三单元	古诗：《暮江吟》《雪梅》	34	积累寒霜、小雪、大雪等节气古诗
四年级下册	第一单元	课文：《乡下人家》	4	了解二十四节气与农业生活的紧密关系
五年级上册	第七单元	课文：《四季之美》	94	拓展二十四节气相关习俗活动

---

① 陶行知：《陶行知教育箴言》，哈尔滨出版社2011年版。

续表

	单元	与节气相关的教材内容	页码	相关节气链接
五年级下册	第八单元	日积月累《乡村四月》	106	积累初夏节气的古诗谚语
六年级上册	第一单元	古诗:《宿建德江》《六月二十七日望湖楼醉书》《西江月·夜行黄沙道中》	8	学习秋风、霜降、夏至、立秋、处暑等节气诗词文化
六年级下册	第一单元	人文主题:民风民俗	1—14	综合性学习各地二十四节气习俗

(二)构建时令课程,感知节气魅力

陶行知指出,传统的教育专重书本,与生活隔绝。怎样的教育才能和生活密切联系?什么样的课程才可以聚焦学生核心素养?怎样的课堂才可以展现持久的魅力?从2019年开始,我尝试选取了春分、夏至两个节气,带学生挖野菜、立蛋,举行"碰蛋大王比赛",学煮五色粥,利用国学早读及语文课和学生一起诵读节气诗词,分享有关节气的习俗、美食、谚语,让学生真正了解二十四节气,感受中国古代历法的魅力。结合小学《语文》统编教材中的传统文化元素,根据时令的时间、寓意、习俗活动、诗词谚语,开展了一系列主题实践活动。[①]

1. 诵读诗意经典,弘扬节气文化

在每一个节气来临之际,利用国学早读及语文课,诵读节气诗词谚语。比如,春分时节,带领学生诵读"春分雨脚落声微,柳岸斜风带客归"(南唐徐铉《七绝·苏醒》);飘雪时节,积累"今冬麦盖三层被,来年枕着馒头睡""立冬晴,一冬晴"等节气谚语,感受冬的神韵……通过诵读节气诗词,积累节气谚语,使每一个节气变得闪闪发光,诗意地行走于四季的轮回与更替之中,提高学生的传统文化素养。

2. 感受时令习俗,开展生活实践

为了使学生更深地体会时令文化的内涵及重要意义,在每一个节气来临之际,学校组织丰富多彩的节气课程主题实践活动,引导学生收集有关二十四节气的来历、传说、寓意、习俗,在课堂上交流分享,并将课堂中学到的节气知识运用到实际生活中。例如,立春咬春饼,惊蛰吃炒虫、熬雪梨汤,春分立蛋,丰富了学生对传统文化的认知,提高了他们的语文综合学习实践能力。利用综合实践课,教师把学生带到户外,去观察自然变化、万物生长。组织学生从立春开始写观察

① 参见高丽:《二十四节气:小学语文传统文化校本课程开发与实践》,《教学管理与教育研究》2020年第13期。

日记，记录每一个节气中天气、植物、人们的生活所发生的变化，使学生对自然万物的奇妙变化与生长有更新的认识，真正认识到传统文化的博大精深，领略二十四节气的独特魅力。

3. 以时令节气为主题，开展多种活动

中华时令是古代人民认识大自然的智慧结晶。济南市行知小学开展了多种形式的活动，让学生从活动中了解并体验节气文化习俗，如二十四节气诗配画、节气书法比赛、节气知识竞赛、手抄报创作、二十四节气表盘制作、绘制九九消寒图展评等。有了多姿多彩的二十四节气生活实践活动，学生对二十四节气的认知变得具体而丰富起来。“生活即教育”，当学生在每一个节气到来的时候，走出校园，观察自然，参与课程，二十四节气的文化内涵自然就根植在学生的心田。

（三）开发中华时令与学科融合的实践活动

打破学科壁垒，寻求相关学科之间的衔接，形成综合融通的跨学科课程架构。丰富学生学科学习方式，提升复杂思维下的综合学习能力。以我在 2019 年所做的学科融合实践活动《秋分》为例，通过对学科的整合，我们在主题活动设计中融入了语文、音乐、美术、综合实践的课程元素，在年级老师的通力协作下，呈现出独具魅力的中华时令传统特色课程。

此外，我们在学科融合实践活动中鼓励不同学科老师联合执教，既有学科内的整合，也有跨学科整合。二十四节气内容不是某个学科知识的延伸，而是多学科、生活化、多元化的深度融合。学生在多学科整合学习中，既了解了节气文化内涵，又增厚了传统文化积淀。

（四）采用学—评一体的多元学习方式

学生学习不仅要输入，更要输出。中华时令课程通过学—评一体的多元学习方式，给学生提供展示舞台。如四年级组织的“话说冬至”，使学生通过综合实践活动的开展，了解了冬至的由来、冬至的民俗、冬至的古诗等内容，最后学校组织学生以绘制冬至彩签的形式，将课程习得呈现在彩签画上。

五、课程评价

在课程实施的过程中，学生依托学习单、评价表，进行边学边评、互学互评。通过学生自我评价、互评、教师评价来了解学生学情，通过对教师评价来了解课程实践情况。同时，根据综合评价反馈，及时调整课程框架或课程内容，为学生提供更丰富、更能促进成长的课程。以五年级时令课程评价细则为例（见表 7-5）。

表 7-5　五年级中华时令课程评价细则

课时	内容	实施要求	评价细则
2	时令知多少	走进“时令空间”	1. 积极参与活动 2. 能熟背二十四节气歌
2	时令里的天干地支	自制二十四节气表	1. 基本绘制 2. 二十四节气图绘制美观 3. 二十四节气图绘制美观，会据图解说 4. 二十四节气图绘制美观，会据图解说且有创意
4	时令故事	故事汇	
6	时令与诗情	为你读诗	1. 积极搜集资料 2. 录制诗歌一首 3.《为你读诗》投票平台
2	时令与西方文化	讲授	
6	时令与养生秘笈	食蔬时俗、食俗、冬病夏治、艾灸、走访中医馆	
4	时令与天气	俗语对联、农时民谚、农具	
6	时令与传统节日	竖鸡蛋、饼干月相、服饰秀	
3	时令与古画欣赏		
6	时令与农作物	春种、养蚕、秋收	

在课程实施过程中，为了让课程更加系统，贯穿学生六年小学生活的始终，我们设计了各年级评价细则。通过评价内容的不断丰富，学生可以纵向进行自我比较、自我评价，既评价时令课程中的收获与表现，又通过评价看到自己的学习变化。

六、课程建设经验

第一，整合课程资源。我校所在区域重视传统文化教育的发展，济南市行知小学对于中华时令传统文化课程的开发给予充分的重视。我们充分整合区域传统文化资源，利用学校社区人文资源，请传统文化课程专家走进课堂漫谈中华时令文化课程；带孩子们参观校外民俗馆，切实感受时令民俗文化、非遗文化。

第二，用好家长资源。在时令课程推进过程中，家校协作，部年级还邀请有相关知识资源的家长走进课堂，为孩子们讲述精彩的中华时令课程。将家长、学校和学校的校本课程内容有机相结合，充分开发家校资源，共同为学生的综合能力提升保驾护航。

第三，抓住课程融合拓展资源。随着课程推进，课程本身也会生发出很多有价值的资源。例如，前期省媒体编辑来校和学生一起做"最美传统文化"的专题讨论，涉及很多中华时令文化的内容，与编辑叔叔阿姨们交流互动，最后衍生成一次时令文化的讨论，我们把相关内容的视频、图片、文字进行整理，收纳到我们的校本课程中，融合拓展了时令课程的"成长驿站"篇，相关内容正在整理出版中。

七、课程建设成效

第一，构建了中华时令课程开发与实施的课程体系。济南市行知小学从学生需求出发，合理整合学科时令文化资源，组织各年级教师根据各阶段学生的年龄特点进行时令课程内容开发，不断完善创新，形成了比较完善的中华时令课程体系。

第二，开发了传统文化校本传承新方式。传统文化是民族自信之源。中华时令课程以继承和发扬传统文化、培养学生的民族文化自信心和自豪感为起点，结合小学生的认知特点设计开发传统文化校本课程。通过不断的实践、分析、讨论、研究，结合现代教育学、心理学相关理论，从认知、情感、思维、行动四个维度培养学生的学习能力，提升学生的整体素养。在传承中华优秀传统文化的同时，也为学生的童年生活增添了炫美的华章。

第三，培养学生热爱祖国文化历史，做好中华文化传承人。作为国家课程的补充，围绕中华时令，针对不同年级学生设计课程。通过学习、体验，以及发现、探究，让学生在实践中感受祖国文化的博大精深，培养其民族自豪感，做好中华文化的传承人。

第四，促进教师课程素养的提升。本课程实施调动全校各学科教师参与，促进学科间教师的深度合作，使教师的课程目标更清晰、内容更丰富、实施更顺畅、课程评价更趋于多元，极大促进了教师课程素养的全面提升。

第四节　班级传统文化课程中的资源

在科学技术日新月异的今天，优秀传统文化被赋予了更多的人性色彩。

学习传统文化，也可以看作一个寻找精神家园的过程。优秀传统经典里面融汇了先人对人、对人性、对人生的思考与探索，表达了先哲们对真善美的追求，这不仅可以慰藉现实社会中饱受侵害与挤占的心灵，而且也能引领人们超越现实。

中华传统文化教育要引导学生树立以“天下兴亡，匹夫有责”为重点的家国情怀，形成以“仁爱共济，立己达人”为重点的社会关爱意识，养成以“正心笃志，崇德弘毅”为重点的人格修养，引导青少年学生更加全面准确地认识中华民族的历史传统、文化积淀、基本国情，认清中国特色社会主义的历史必然性，坚定走中国特色社会主义道路、实现中华民族伟大复兴中国梦的理想信念。

一、家国情怀

引导学生增强国家认同，形成爱国情感，树立民族自信，形成为实现中华民族伟大复兴的中国梦而不懈努力的共同理想追求，积极争做有自信、懂自尊、能自强的中国人。

（一）学段特点

低年级：主要内容是了解爱国志士的革命故事，知道中华民族重要传统节日，了解家乡的生活习俗，明白自己是中华民族的一员。

中高年级：主要内容是了解中华民族历代仁人志士为国家富强、民族团结做出的牺牲和贡献，了解传统节日的文化内涵和家乡生活习俗的变迁。

（二）课程资源

1. 千古词人的婉约与豪迈——“二安”风骨

词文化始于唐代而兴盛于两宋。在群星璀璨的宋代词坛，有两颗耀眼的明星光华绚烂，留下了光耀千古的名篇佳作，他们就是被称为济南“二安”的李清照、辛弃疾。

李清照（1084 年 3 月 13 日—1155 年 5 月 12 日），号易安居士，齐州章丘（今济南市章丘区）人，宋代女词人，婉约词派代表，有“千古第一才女”之称。李清照出生于书香门第，早期生活优裕，其父李格非藏书甚富，她小时候就在良好的家庭环境中打下文学基础。出嫁后与夫赵明诚共同致力于书画金石的搜集整理。金兵入据中原时，流寓南方，境遇孤苦。所作词，前期多写其悠闲生活，后期多悲叹身世，情调感伤。形式上善用白描手法，自辟途径，语言清丽。论词强调协律，崇尚典雅，提出词“别是一家”之说，反对以作诗文之法作词。能诗，留存不多，部分篇章感时咏史，情辞慷慨，与其词风不同。

有《易安居士文集》《易安词》，已散佚。后人有《漱玉词》辑本。今有《李清照集校注》。济南市趵突泉公园漱玉泉畔建有李清照纪念馆。

辛弃疾（1140 年 5 月 28 日—1207 年 10 月 3 日），原字坦夫，后改字幼安，号稼轩，济南府历城县（今济南市历城区）人。南宋豪放派词人、将领，有“词中之龙”之称。与苏轼合称“苏辛”，与李清照并称“二安”。

辛弃疾生于金国，少年抗金归宋，曾任江西安抚使、福建安抚使等职。著有《美芹十论》《九议》，条陈战守之策。由于与当政的主和派政见不合，后被弹劾落职，退隐山居。开禧北伐前后，相继被起用为绍兴知府、镇江知府、枢密都承旨等职。开禧三年（1207）病逝，年六十八。后赠少师，谥号“忠敏”。

辛弃疾一生以恢复中原为志，以功业自诩，却命运多舛、备受排挤、壮志难酬。但他恢复中原的爱国信念始终没有动摇，而是把满腔激情和对国家兴亡、民族命运的关切、忧虑全部寄寓于词作之中。其词艺术风格多样，以豪放为主，风格沉雄豪迈又不乏细腻柔媚之处。其词题材广阔，又善化用典故入词，抒写力图恢复国家统一的爱国热情，倾诉壮志难酬的悲愤，对当时执政者的屈辱求和颇多谴责；也有不少吟咏祖国河山的作品。现存词六百多首，有词集《稼轩长短句》等传世。济南市大明湖公园内建有稼轩祠，以示纪念。

2. 鹊华烟雨润秋色——千年古城的绝代风华

秋日的济南，山高气爽，湖清泉旺，风光迷人，美胜江南，早在七百多年前这一秀美景色就已被入画，被誉为元代文人画代表作的《鹊华秋色图》就是其中一幅。这幅由赵孟𫖯执笔的国宝级画作中，两山相对，鹊山漫圆，华山高耸，树木茂盛，秋色凝人，大气古远。

《鹊华秋色图》描绘的是济南美景，但鲜为人知的是，画的作者赵孟𫖯却非济南人，此画也并非在济南所作，其中与自称是济南人的周密有关，而画能留存下来还与乾隆皇帝有关。赵孟𫖯（1254—1322），字子昂，浙江吴兴人，至元二十九年（1292）夏六月被元世祖任命为“同知济南路总管府事，兼管本路诸军奥鲁，总管缺官”，他在济南一待就是三年。赵孟𫖯诗文“清邃奇逸，读之使人有飘飘出尘之想”，公务之余深入民间采风，体察风情世俗，并常到趵突泉、大明湖等处游览，留下了许多赞颂济南山水的诗词，尤以《趵突泉》一诗最为著名，济南人最为熟悉的“云雾润蒸华不注，波涛声震大明湖”就出自该诗。

《鹊华秋色图》是赵孟頫于1295年回到故乡浙江时为周密（字公谨，1232—1298）所画。周氏原籍山东，却生长在赵孟頫的家乡吴兴，从未到过山东。赵氏既为周密述说济南风光之美，也作此图相赠。辽阔的江水沼泽地上，极目远处，地平线上，矗立着两座山，右方双峰突起，尖峭的是“华不注山”，左方圆平顶的是“鹊山”。在天下第一泉风景区大明湖的超然楼中有一幅“动”的《鹊华秋色图》。

3. 北渚西眺铁公祠——文化浸润与铁骨担当

从大明湖北渚门西眺，有一座四合庭院，名为“铁公祠”。有史可考，铁公祠建于清乾隆五十七年（1792），是为纪念明代兵部尚书、山东参政铁铉而建。明建文帝时，燕王朱棣南下夺权，攻至济南，铁铉率军民坚守，屡挫燕王。朱棣攻下南京自立为帝后，铁铉终因兵微将寡，被俘遇害。后人敬其英烈，立祠祀之。

铁公祠是一民族式庭院，占地6000余平方米，由曲廊、三间祠堂和一座“湖山一览楼”组成。园内杨柳垂荫，藤萝攀缘，院外南临一湖碧水，北枕幽密松林，环境清幽旷远，建筑古朴典雅，其中小沧浪亭更是独具秀色。著名对联“四面荷花三面柳，一城山色半城湖”就镶嵌在这里。刘鹗《老残游记》中曾写道，在铁公祠前看大明湖，可见千佛山之倒影

二、社会关爱

引导学生正确处理个人与他人、个人与社会、个人与自然的关系，形成乐于奉献、热心公益慈善的良好风尚，积极争做高素养、讲文明、有爱心的中国人。

（一）学段特点

低年级：主要内容是初步了解传统礼仪，学会待人接物的基本礼节，培养热爱家乡、热爱生活、亲近自然的情感。

中高年级：主要内容是学会理解他人，懂得感恩，有人生理想和远大志向。

（二）课程资源

1. 百花洲畔曲水流觞——泉水文化，小桥流水人家

老济南有句顺口溜：“东更道，西更道，王府池子二郎庙！”这说得便是曲水亭街一带。

曲水亭街北临大明湖，南接西更道街直达泉城路，东依百花洲，西邻文庙，文墨书香，湖水荡漾，浓厚古朴的文化气息扑面而来。

说起曲水亭街，不能不先说曲水亭。据资料记载，原曲水亭位于大明湖畔的

鹊华桥之南。“曲水亭”一名，顾名思义，取古代曲水流觞、群贤毕至之意，始建于何时，已不可考。虽然名曰“亭”，其实是三间坐东朝西的平房。“亭”内有茶社，可供游客品茗小憩息足，还备有围棋，为喜好者提供了“手谈”的方便。清人王初桐在《济南竹枝词》里特意写了曲水亭、桥和洗衣服的人，使得我们后人可以通过诗句想象当时曲水亭街一带的景象。诗曰：“曲水亭南录事家，朱门紧靠短桥斜。有人桥上湔裙坐，手际飘过片片花。”

曲水亭街有名，与从珍珠泉、濯缨泉流淌出来的泉水从街中央由南向北直流而过大有关系。曲水潺湲流觞，两岸垂柳披拂，古朴典雅的建筑鳞次栉比地坐落于两旁，自然地孕育散发出独有的韵味，形成了济南特有的市井情态。

走在这里，如同画中，那种惬意舒服，那种悠闲自在，只有身临其境方能感受得到。小桥、流水、人家，那些地方特色十足、文化气息浓郁的特色店铺，让每个游人都兴致盎然，忍不住驻步仔细看看，拍几张照片，留作纪念。上午暖暖的阳光静静地映照着，使得整条街道安逸平和，处处弥漫着老济南悠闲自在的慢生活，处处洋溢着繁华闹市稀有的纯净、整洁和静谧。一切都是显得那么和谐自然，一切都是那么让人感到舒心，感到享受。一路走来，静静地听，静静地看，在缓慢行走中，静静地感受体味，不知不觉地就释放了生活带来的说不清道不明的精神压力，从里到外感到是那么轻松、那么妙不可言……

2. 藕花深处鸥鹭翔飞——生态文化，大明湖生态圈

“兴尽晚回舟，误入藕花深处，争渡，争渡，惊起一滩鸥鹭”，千年之前的一首古词，描绘了一幅“藕花深处鸥鹭翔飞”的美好画卷，同时也是我们今天所努力追求的生态文化。

大明湖，在北魏郦道元《水经注》中称“历水陂”，唐时又称“莲子湖”。北宋文学家曾巩称“西湖”“北湖”。金代文学家元好问在《济南行记》中始称“大明湖”。西晋以前，大明湖范围很大，南到濯缨湖，北通鹊山湖。西晋永嘉年间（307—313），建城墙把湖分开，基本形成现代的规模。现代地理上大明湖北至护城河，东至黑虎泉北路，南至大明湖路，西至启盛街，20 世纪 90 年代有湖面 46.5 公顷（合 0.465 平方公里）。2005—2009 年，市政府实施大明湖扩建改造工程。扩建后，大明湖景区总面积为 103.4 公顷，其中水面面积 57.7 公顷，陆地面积 45.7 公顷。大明湖的补给水源主要是泉水。由珍珠泉、孝感泉、芙蓉泉、王府池等 20 多处泉水汇集而成。湖水于东北出水门经泺水河注入小清河。济南市有挺水植物、浮叶植物、漂浮植物、沉水植物共 20 余种，遍布河流、湖泊、水库、坑塘。挺水植物有芦苇、蒲草、慈姑、莲藕、荆三、旱草蓼，浮叶植物有子午莲、荇菜。漂浮植物有紫背浮萍、凤眼蓝、水浮莲、水花生、水浮萍，沉水植物有马来眼子菜、轮叶黑

藻、聚草、菹草、金鱼藻、苦草。

以大明湖物产为食材也形成许多特色食品，如奶汤蒲菜，以大明湖出产的鲜蒲菜(香蒲根茎)为主料，配苔菜花、冬菇、火腿片加奶汤烹制而成，济南老店聚丰德、燕喜堂都有经营；炸荷花，大明湖独有菜品，以微开的荷花瓣抹豆沙、蘸蛋包糊油炸而成。

3. 芙蓉巷口夕阳斜——美食文化，济南的味道

芙蓉街是一条济南特色的老街。位于济南市中心，南临济南泉城路。芙蓉街以街中芙蓉泉而得名，街位于珍珠泉群之中，邻近历代两大府衙和贡院、文庙及古城主干道。金、明、清时，向是文人墨客饮酒赋诗之地，清代诗人董芸曾寓居“芙蓉馆”。

芙蓉街，北起济南府学文庙，南至泉城路，因街中芙蓉泉而得名，长 432 米，平均宽约 6 米，是济南市的老商业街。

据说，从前这里曾是济南府最繁华之地，商贾聚居，多有豪门大院。繁华如过眼烟云。现在的芙蓉街，以小吃闻名。对于大多数人来说，来芙蓉街是冲着它的小吃来的。许多逛街购物的人饿了累了都会来这里吃饭，各色小吃，物美价廉，充满老济南的味道。脚下是水泥路面，眼中是路边一个个的小吃店，鼻中是各色小吃的香味，耳中是各路小贩的吆喝声。傍着繁华的泉城路，芙蓉街依然热闹，但这热闹是轻松的，是市井的，是锅碗瓢勺叮叮当当的热闹。

而芙蓉街在老济南人心目中的重要地位，绝不仅仅是由于它现在的商业繁华。《老残游记》里说的“家家泉水，户户垂杨”，一直被视为老济南的写照。因此，可以说芙蓉街体现了济南泉水文化的特色。人们住在这儿有多美？有诗为证：“老屋苍苔半亩居，石梁浮动上游鱼。一池新绿芙蓉水，矮几花阴坐著书。”这是清代诗人董芸写的《芙蓉泉寓居》。

三、人格修养

引导学生明辨是非，遵纪守法，坚忍豁达，奋发向上，积极争做知荣辱、守诚信、敢创新的中国人。

(一)学段特点

低年级：主要内容是孝敬父母，尊敬师长，友爱同学，礼貌待人，养成勤俭节约、吃苦耐劳、言行一致的生活习惯和行为规范。

中高年级：主要内容是逐步提高辨别是非和善恶美丑的能力，形成良好的生活习惯和行为规范(《中小学德育工作指南实施手册》)。

（二）课程资源范例

1. 涵养人文——校园的海棠与《海棠》诗

中国是“诗的国度”，诗的历史可追溯到3000多年前。诗词文化是中国传统文化的精华，《诗经》《楚辞》《汉乐府》《唐三百》……灿若群星的诗人创作了浩如烟海的诗歌作品。其中最耀眼、最动人、流传最广、从来不变的是诗人与词人的情怀：文天祥“人生自古谁无死，留取丹心照汗青”的慷慨激昂，岳飞“三十功名尘与土，八千里路云和月”的赤胆忠诚，范仲淹“先天下之忧而忧，后天下之乐而乐”的家国情怀……历代文人都喜欢用诗文表达胸怀，也潜移默化地影响着每一个中华儿女的文化趣味与胸怀。上至耄耋老人，下至牙牙稚子，无不深受影响，这种文化的熏陶早已深入骨髓。

每年三月，校园的西府海棠盛开的时候，锦绣如霞，让整个校园都沉浸在诗情画意之中。每当此时，我总会领着学生去校园赏花，还会给他们讲苏轼的《海棠》诗：“东风袅袅泛崇光，香雾空蒙月转廊。只恐夜深花睡去，故烧高烛照红妆。”从这些明丽的意象中分明可以感触到诗人的达观、潇洒的胸襟。同时，校园里的这些海棠树也记录了历届行知学子的成长，即使有一天他们毕业离开，但相信母校校园里的这些西府海棠树永远都会留在他们的心间，又或者每当春天海棠盛开的时候，就会记起少年时代的校园生活，记起和小伙伴们一起赏花诵诗的情景。潜移默化之间，校园的海棠和《海棠》诗已成为校园文化的一部分，成为学生少年成长的一种经历，成为对他们产生影响的文化表现形式。这其实也就是校园文化隐性课程的一部分，涵养着一届又一届学子。

2. 修炼心性——张旭草书与公孙大娘舞剑

记得小时候学习书法，看老师在砚台里磨墨，好奇地问老师：“用墨汁多方便，为什么还要磨墨？费时费力。”当时老师回答：“磨墨如磨心，心静不下来，怎能写好字？”后来自己做了老师，学生也问过同样的问题，我也和我的老师一样回答。老师所说的“磨心”也就是修炼心性，这是人生的一节大课。

心性指的是人的性格、性情。虽然“性”是一个人与生俱来的本质或特征，但它借助一定的载体修炼到理想状态。而传统文化中深厚的人文底蕴正好为青少年的心性发展提供了充足的养分。

《国史补》中有一段对唐代大书法家张旭的故事记载：

张旭草书得笔法，后传崔邈、颜真卿。旭言：“始吾闻公主与担夫争路，而得笔法之意；后见公孙氏舞剑器而得其神。”饮醉则草书挥笔大叫以头揾水墨中而书之，天下呼为“张颠”。醒后自视以为神异，不可复得。后辈言笔札者，欧虞褚薛。或有异论，至长史无间言。

张旭书法的“神来之笔”看似癫狂，但一笔一势都是用心体悟，这种“精妙”的体会也就是修炼心性的所感所悟。学习书法是这样，学生的成长亦是如此，心性、意志的磨练是健全人格养成的非常重要的内容。

3. 提高个人境界——王维的诗画意境对审美的影响

儒家把艺术看作是道德教育的工具，但道家对艺术的追求，更看重心灵的自由流动，把自然看为最高的理想，这给了中国的伟大艺术家无穷的灵感。中国美术作品中的许多杰作都是写山水、花鸟、树木、竹枝。在许多山水画里，山脚下，溪水边，往往都看见一个人静坐，沉醉在天地的大美中，从中领会超越于自然和人生之上的妙道。

“味摩诘之诗，诗中有画；观摩诘之画，画中有诗。”王维既是诗人，又是画家，其所成就，不仅能诗善画，而且把艺术中的诗与画，通过他的作品予以融合。诗画有机的结合，是中国画的传统，也是中国画的特点。《宣和画谱》中提到王维的诗句如“落花寂寂啼山鸟，杨柳青青渡水人”“行到水穷处，坐看云起时”“白云回望合，青霭入看无”之类，说是“皆所画也”。王维作品笔墨清新，格调高雅，传达出一种诗意的境界。这“诗中有画”“画中有诗”的内涵和外延还直接反映着中国人的审美文化，对于成长中的少年更是有“润物无声”的效果。

记得有一次，和一位毕业的学生聊起他们现在的中学生活。他给我介绍了自己制作的班刊——《浅草集》，他是班刊的主编，《浅草集》是他和小伙伴一起命名的，封面的水墨画也是他们自己画的，只见“一抹天青下，浅浅草色入画来”，非常有意境，美得让人舒服。同时，这个名字一下吸引了我，我问他：为何用“浅草”为名？学生云淡风轻地说：白居易的“乱花渐欲迷人眼，浅草才能没马蹄”很有意境美，也很符合我们当时的状态：人生的春天刚刚开始，但我们还在成长中，要有向上的阳光心态，更要谦逊踏实，要有草的顽强生命力。

这番说辞让我对他刮目相看：十几岁的少年对人生竟有如此的认识！这种认识格局的初步建立，无一不受传统文化的影响。我们一直在说“文化自信”，从这些少年的身上，我看到了民族文化熠熠光辉，更感受到了中华文化对我们的影响真的无处不在。

后记

记得工作前夕，老师问了我一个问题："如果你带着学生上户外活动课，是你面向太阳还是让学生面向太阳？"当时没有过多考虑，随口回答："肯定是我面向太阳啊！光线这么刺眼，总不能让学生都睁不开眼睛吧！"老师点点头，说了一句："孺子可教，当老师就要有个老师的样子。"

从教多年，一直谨记老师的教诲——心中有爱，眼里才会有学生。不管是班级管理还是安排班级课程，潜意识里首先考虑的是"学生能收获什么"。2009 年开始做班本课程至今已 14 年，从原生态到逐渐形成体系，大多数时间就是在一个个活动中尝试、积累。最令我骄傲和欣慰的是学生的进步和成长。艳阳姐姐(《当代小学生》杂志社资深编辑和栏目主持人)曾经评价："咱阳光中队的孩子眼里有光。"这实在是很高的褒奖，也是我作为一名班主任的教育理想。我希望能给学生一个可回忆的童年，让教室成为可回忆的地方。

十几年的时间，阳光中队每天都有新的故事发生，孩子们的生活也充满了色彩。他们自发组织了很多活动：阳光中队小先生论坛、幸福树童话剧团、制作《阳光少年》班刊……孩子们做这些是因为喜欢。课余时间我们去行知园观察樱桃树的成长，拿起画笔给校园的古树"画像"，到种植园里挥洒汗水，品尝自己种植的薄荷泡的新茶……这些校园生活，最后都变成了文字，写进了我们的班级博客、班级公众号，另外还一起创办了属于自己的班刊《阳光中队》，真正做到"共读·共写"自己的故事。

在山东省教育科学研究院访学期间，有幸师从李文军教授学习传统文化。浩瀚的知识，博大的文化，为我打开了一扇知识的大门——以传统文化的学理依据，提炼班级文化的"和合之美"。老师一直鼓励我们去阅读、思考，把自己的理解和想法记录下来。本书正是当时的一些积累。在书稿撰写的过程中，老师耐心指点，提出修改意见，“诲尔谆谆，长记心间”。同时，也非常感谢山东省教育科学研究院的诸位导师，从中外教育典籍的分析论述，到现当代教育先进理论的引领，再到实操性教育实践的指导，让我有机会看到更广阔的天地。

“桃李无言，下自成蹊。”谨以此书，送给敬爱的老师们！

最后，感谢山东大学出版社诸位编辑的精心设计和在书稿修改及出版过程中的悉心指导与辛勤付出。

春日尚好，未来可期。在成长的路上脚踏实地，此生有涯而学无涯，止境永远在明天。

姚光燕

2023 年 4 月 16 日